学ぶ人は、
変えて
ゆく人だ。

JN051599

挑み続けるために、人は学ぶ。

「学び」で、

少しずつ世界は変えてゆける。

いつでも、どこでも、誰でも、

学ぶことができる世の中へ。

旺文社

漢検 ポケット 4級

でる順 一問一答 改訂版

旺文社

もくじ

でる度 ★★★

でる度 ★★

でる度 ★

編集協力	株式会社友人社
校正	株式会社東京出版サービスセンター・千葉和子・原田俊行
装丁デザイン	ライトパブリシティ（大野瑞生）
本文デザイン	有限会社アチワデザイン室・佐藤誠
本文イラスト	三木謙次

漢検とは

●漢字検定（漢検）とは

本書が目指す「漢字検定（漢検）」とは、公益財団法人日本漢字能力検定協会が主催する「日本漢字能力検定」のことです。漢字検定は1級から、準1級・準2級を含む10級までの12段階に分かれています。

●受検資格

年齢・学歴などにかかわらず、だれが何級を受検してもかまいません。検定時間が異なれば4つの級まで受検できます。受検には個人受検・団体受検・漢検CBT受検（9ページ参照）の3つがあります。

●出題対象となる漢字

漢字検定では、それぞれの級に定められた出題範囲があります。それぞれの級で新たに出題対象となる漢字を配当漢字といい、当該級はそれ以下の級の配当漢字も出題範囲に含まれることが原則です。

4級では、5級までの配当漢字1026字と、4級の配当漢字313字を合わせた1339字が出題の対象となります。

問い合わせ先

公益財団法人 日本漢字能力検定協会

本部　　〒605-0074

京都府京都市東山区祇園町南側551番地

TEL.075-757-8600

FAX.075-532-1110

URL　　https://www.kanken.or.jp/

でる度 ★

編集協力	株式会社友人社
校正	株式会社東京出版サービスセンター・千葉和子・原田俊行
装丁デザイン	ライトパブリシティ（大野瑞生）
本文デザイン	有限会社アチワデザイン室・佐藤誠
本文イラスト	三木謙次

漢検とは

●漢字検定（漢検）とは

　本書が目指す「漢字検定（漢検）」とは、公益財団法人日本漢字能力検定協会が主催する「日本漢字能力検定」のことです。漢字検定は１級から、準１級・準２級を含む10級までの12段階に分かれています。

●受検資格

　年齢・学歴などにかかわらず、だれが何級を受検してもかまいません。検定時間が異なれば４つの級まで受検できます。受検には個人受検・団体受検・漢検CBT受検（9ページ参照）の３つがあります。

●出題対象となる漢字

　漢字検定では、それぞれの級に定められた出題範囲があります。それぞれの級で新たに出題対象となる漢字を配当漢字といい、当該級はそれ以下の級の配当漢字も出題範囲に含まれることが原則です。

　４級では、５級までの配当漢字1026字と、４級の配当漢字313字を合わせた1339字が出題の対象となります。

問い合わせ先

公益財団法人 日本漢字能力検定協会

本部	〒605-0074
	京都府京都市東山区祇園町南側551番地
	TEL.075-757-8600
	FAX.075-532-1110
URL	https://www.kanken.or.jp/

●おもな対象学年と出題内容　※ 2022 年 8 月現在

内容／級	レベル	漢字の書取	誤字訂正	同音・同訓異字	四字熟語	対義語・類義語	送り仮名	熟語の構成	部首・部首名	筆順・画数	漢字の読み	検定時間	検定料
2	高校卒業・大学・一般程度	○	○	○	○	○	○	○	○		○	60分	4500円
		対象漢字数 2136 字（準2級までの対象漢字 1951 字＋2 級配当漢字 185 字）※高等学校で習う読みを含む												
準2	高校在学程度	○	○	○	○	○	○	○	○		○	60分	3500円
		対象漢字数 1951 字（3級までの対象漢字 1623 字＋準2級配当漢字 328 字）※高等学校で習う読みを含む												
3	中学校卒業程度	○	○	○	○	○	○	○	○		○	60分	3500円
		対象漢字数 1623 字（4級までの対象漢字 1339 字＋3級配当漢字 284 字）※中学校で習う読みを含む												
4	中学校在学程度	○	○	○	○	○	○	○	○		○	60分	3500円
		対象漢字数 1339 字（5級までの対象漢字 1026 字＋4級配当漢字 313 字）※中学校で習う読みを含む												
5	小学校6年生修了程度	○	○	○	○	○	○	○	○	○	○	60分	3000円
		対象漢字数 1026 字（6級までの対象漢字 835 字＋5級配当漢字 191 字）※中学校で習う読みは含まない												

※ 5 級で「誤字訂正」も出題内容と発表されていますが、過去に出題された実績はありません。
そのため、旺文社漢検書シリーズでは 5 級で「誤字訂正」を掲載しておりません。
※内容は変更されることがありますので、日本漢字能力検定協会のホームページをご確認ください。

●漢字検定4級の審査基準

程度	常用漢字のうち約1300字を理解し、文章の中で適切に使える。
領域・内容	《読むことと書くこと》 小学校学年別漢字配当表のすべての漢字と、その他の常用漢字約300字の読み書きを習得し、文章の中で適切に使える。 ・音読みと訓読みとを正しく理解していること ・送り仮名や仮名遣いに注意して正しく書けること ・熟語の構成を正しく理解していること ・熟字訓、当て字を理解していること 　　（小豆／あずき、土産／みやげ　など） ・対義語、類義語、同音・同訓異字を正しく理解していること 《四字熟語》　四字熟語を理解している。 《部首》　部首を識別し、漢字の構成と意味を理解している。

●漢字検定4級の採点基準

字の書き方	正しい筆画で明確に書きましょう。くずした字や乱雑な書き方は採点の対象外です。
字種・字体・読み	2～10級の解答は、内閣告示「常用漢字表」（平成22年）によります。旧字体での解答は不正解となります。
仮名遣い	内閣告示「現代仮名遣い」によります。
送り仮名	内閣告示「送り仮名の付け方」によります。
部首	『漢検要覧　2～10級対応』（公益財団法人日本漢字能力検定協会）収録の「部首一覧表と部首別の常用漢字」によります。
合格基準	合格のめやすは、正答率70％程度です。200点満点ですから、140点以上とれれば合格の可能性大です。

●許容の範囲

　印刷物は一般的に明朝体と呼ばれる字体のものが多く、楷書体とは活字デザイン上若干の違いがあります。検定試験では、画数の変わってしまう書き方は不正解ですが、「つける・はなす」「はねる・とめる」など、解答として許容されるものがあります。これは、「常用漢字表」の「(付)字体についての解説」に取り上げられており、「明朝体の字形と筆写の楷書の字形との間には、いろいろな点で違いがある。それらは、印刷文字と手書き文字におけるそれぞれの習慣の相違に基づく表現の差と見るべきもの」と記されています。

　以下、明朝体と楷書体の差異に関する例の一部を「常用漢字表」から抜粋します。検定試験ではどちらで書いても正解となります。

①長短に関する例

無 → 無 = 無

②方向に関する例

主 → 主 = 主

③つけるか、はなすかに関する例

月 → 月 = 月

④はらうか、とめるかに関する例

骨 → 骨 = 骨

⑤はねるか、とめるかに関する例

糸 → 糸 = 糸

⑥その他

令 → 令 = 令

漢検受検ガイド

●公開会場

検定日 原則として毎年、6月・10月・翌年2月の日曜日の年3回。申し込み期間は、検定日の約3か月前から約1か月前。

検定会場 全国主要都市および海外主要都市。

申し込み方法

①インターネットで申し込み

日本漢字能力検定協会（以下漢検協会）のホームページ（https://www.kanken.or.jp/）の申し込みフォームにアクセスし、必要事項を入力。クレジットカード決済などで検定料を支払います。

②コンビニで申し込み

指定のコンビニに設置された端末機で申し込み手続きを行い、レジにて検定料を支払います。

③取り扱い書店で申し込み

取り扱い書店で検定料を支払い、願書などを受け取り、必要事項を記入の上、必着日までに協会へ郵送します。

＊①～③以外にも、取り扱い機関（新聞社など）で申し込む方法があります。

いずれの場合も、検定日の約1週間前に受検票が届きます。1級・準1級・2級・準2級は受検票に顔写真を貼る必要があります。

●検定試験当日に持参するもの

検定試験当日には、①受検票、②消しゴム、③筆記用具（HB・B・2Bえんぴつ、シャープペンシル）を必ず持っていきましょう。万年筆やボールペンは不可で、腕時計・ルーペは持ち込み可となっています。

●合否の通知

検定日の約30日後から漢検ホームページにて合否結果を確認できます。また、検定日の約40日後に、合格者には合格証書・合格証明書・検定結果通知が、不合格者には検定結果通知が届きます。

漢検CBT（コンピュータ・ベースド・テスティング）

漢検CBTとは、コンピュータを使って受検するシステムのことです。合格すると従来の検定試験と同じ資格を取得することができます。漢検CBTで受検できるのは2～7級で、検定料は従来の検定試験と同じ、申し込みはインターネットからのみです。

通常の（紙での）検定試験とのちがいは、実施（じっし）回数です。検定試験が年3回であるのに対し、漢検CBTは、年末年始を除き毎日実施しています（実施日と試験時間は会場によって異なります）。

試験会場は47都道府県、150箇所以上に設置されています。また、合否の結果が約10日でわかるので非常にスピーディといえます。

※詳しい情報は、漢検協会のホームページをご確認ください。

本書の特長

特長① よく出る問題だけを収録

　合格に必要な実力養成のために、過去の検定試験の出題データを約18年分独自に分析し、繰り返し出題された頻度の高い問題だけを取り上げて編集・構成しました。

　よく出る問題だけに的をしぼって、効率的に学習できます。収録している問題は、いずれもマスターしておきたい問題です。

特長② 3段階の「でる順」で効果的に学習

　本書は、出題データの分析結果にもとづき、よく出題される「でる度」の高い問題から順に3段階で構成しています。「でる度」は、★の数で示してあります。

　出題分野ごとに「でる順」で並んでいますので、最初から学習するほど効果的に実力をつけられます。

でる度
高

★★★　一番 よくでるよ！

★★★　これも ねらわれる！

★★★　ここまで がんばろう！

特長③　巻末付録「漢字資料」

　資料として「4級配当漢字表」「おもな特別な読み、熟字訓・当て字」も巻末に収録しています。学習の確認・整理に活用してください。

特長④　ダウンロード特典

　模擬試験2回分（解答付き）と原寸大解答用紙を無料でダウンロードできます。巻末の模擬試験とあわせて、本番前の実践対策として活用してください。

［ご利用方法］

以下の URL または QR コードからアクセスし、「漢検」カテゴリの該当級をダウンロードしてください。

URL：https://www.obunsha.co.jp/support/tokuten/

※サービスは予告なく終了する場合があります。

●紙面構成

でる度
出題頻度の高い問題から順に、★★★ ★★★ ★★★ の3段階で構成しています。

出題分野名

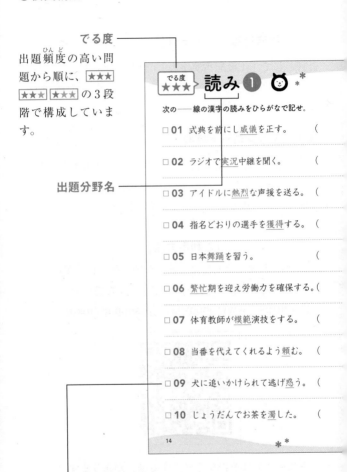

でる度
★★★ **読み ❶** 😺

次の——線の漢字の読みをひらがなで記せ。

□ 01 式典を前にし威儀を正す。　　　（

□ 02 ラジオで実況中継を聞く。　　　（

□ 03 アイドルに熱烈な声援を送る。　（

□ 04 指名どおりの選手を獲得する。　（

□ 05 日本舞踊を習う。　　　　　　　（

□ 06 繁忙期を迎え労働力を確保する。（

□ 07 体育教師が模範演技をする。　　（

□ 08 当番を代えてくれるよう頼む。　（

□ 09 犬に追いかけられて逃げ惑う。　（

□ 10 じょうだんでお茶を濁した。　　（

14

チェックボックス
間違えた問題に印を付けて復習できます。

12

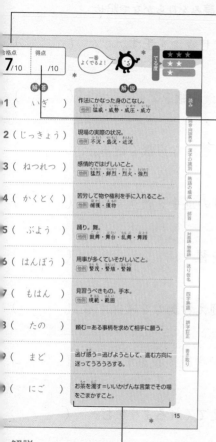

解説

漢字の知識・理解を深められるよう、解説を充実させました。
問題の漢字や熟語の意味、部首名などを解説しています。
[他例] 過去に出題された同じ漢字の他の問題例や、同じ部首を持
つ出題範囲内の漢字
[注意] 間違えやすいポイントなど、問題を解く上での注意点

13

次の──線の漢字の読みをひらがなで記せ。

□ **01** 式典を前にし威儀を正す。 （　　　　）

□ **02** ラジオで実況中継を聞く。 （　　　　）

□ **03** アイドルに熱烈な声援を送る。 （　　　　）

□ **04** 指名どおりの選手を獲得する。 （　　　　）

□ **05** 日本舞踊を習う。 （　　　　）

□ **06** 繁忙期を迎え労働力を確保する。（　　　　）

□ **07** 体育教師が模範演技をする。 （　　　　）

□ **08** 当番を代えてくれるよう頼む。 （　　　　）

□ **09** 犬に追いかけられて逃げ惑う。 （　　　　）

□ **10** じょうだんでお茶を濁した。 （　　　　）

解答

解説

01 （ いぎ ）

作法にかなった身のこなし。
他例 猛威・威勢・威圧・威力

02 （ じっきょう ）

現場の実際の状況。
他例 不況・盛況・近況

03 （ ねつれつ ）

感情的ではげしいこと。
他例 猛烈・鮮烈・烈火・強烈

04 （ かくとく ）

苦労して物や権利を手に入れること。
他例 捕獲・獲物

05 （ ぶよう ）

踊り。舞。
他例 鼓舞・舞台・乱舞・舞踏

06 （ はんぼう ）

用事が多くていそがしいこと。
他例 繁茂・繁殖・繁雑

07 （ もはん ）

見習うべきもの。手本。
他例 規範・範囲

08 （ たの ）

頼む＝ある事柄を求めて相手に願う。

09 （ まど ）

逃げ惑う＝逃げようとして、進む方向に
迷ってうろうろする。

10 （ にご ）

お茶を濁す＝いいかげんな言葉でその場
をごまかすこと。

読み

同音・同訓異字

漢字の識別

熟語の構成

部首

対義語・類義語

送り仮名

四字熟語

誤字訂正

書き取り

次の——線の漢字の読みをひらがなで記せ。

□ **01** ナポレオンを英雄視する。　　（　　　　）

□ **02** 相手の無礼な態度に当惑する。（　　　　）

□ **03** 濃淡の細やかな表現に見入る。（　　　　）

□ **04** 恒久の平和を願ってやまない。（　　　　）

□ **05** 倒れた病人を介抱する。　　　（　　　　）

□ **06** 問題解決のための妙案が浮かぶ。（　　　　）

□ **07** 退屈しのぎに図書館に行く。　（　　　　）

□ **08** 精密機器を注意して扱う。　　（　　　　）

□ **09** 全部でお幾らですか。　　　　（　　　　）

□ **10** 水にハンカチを浸す。　　　　（　　　　）

* *

合格点	得点
7/10	/10

一番よくでるよ！

解答 / 解説

01 (えいゆう)

才知・武勇にひいで、非凡な事業を成しとげる人。ヒーロー。
他例 雌雄・雄弁・雄大・雄図

02 (とうわく)

どうしたらよいか分からず戸惑うこと。
他例 迷惑・困惑・疑惑

03 (のうたん)

色や味などの濃いことと、薄いこと。
他例 濃霧・濃度・濃縮

04 (こうきゅう)

いつまでも変わらずに続くこと。永久。
他例 恒例・恒星

05 (かいほう)

病人などの世話をすること。
他例 介護・介入・紹介

06 (みょうあん)

うまい考え。すばらしい思いつき。
他例 神妙・絶妙・妙技・奇妙

07 (たいくつ)

物事にあきていやになること。
他例 屈指・屈折・不屈・理屈

08 (あつか)

扱う＝動かす。用いる。操作する。

09 (いく)

幾ら＝不明・不定の数・量を表す。

10 (ひた)

浸す＝ぬらす。しめらす。

次の——線の漢字の読みをひらがなで記せ。

□ **01** 舗装された道は歩きやすい。　　（　　　　）

□ **02** 余暇を有意義に過ごす。　　　　（　　　　）

□ **03** 長い沈黙が彼の苦悩を物語る。（　　　　）

□ **04** 費用の使途を問いただす。　　　（　　　　）

□ **05** 内需拡大により経済が回復する。（　　　）

□ **06** 唐突な申し出に戸惑う。　　　　（　　　　）

□ **07** 食品添加物の表示を見る。　　　（　　　　）

□ **08** 紅葉が目に鮮やかだ。　　　　　（　　　　）

□ **09** 追っ手の姿が身近に迫ってくる。（

□ **10** 太陽の光を受けて水滴が輝く。（

解答 / **解説**

01 (ほそう)
道の表面をアスファルトやコンクリートなどで固めること。
他例 店舗・舗道

02 (よか)
仕事のあいまの、自分が自由に使える時間。
他例 寸暇・休暇

03 (ちんもく)
だまったまま口をきかないこと。
他例 黙読・黙想・黙殺・暗黙

04 (しと)
使いみち。
他例 別途・前途・用途

05 (ないじゅ)
国内における需要。
他例 需要・必需品

06 (とうとつ)
突然で違和感を与えるさま。だしぬけで場違いなさま。
他例 煙突・突堤・突拍子

07 (てんか)
ある物に何かを付け加えること。
他例 添付・添乗・添加物

08 (あざ)
鮮やか＝色・形などがきわだって目立つさま。

09 (せま)
迫る＝近づく。近寄る。

10 (かがや)
輝く＝まぶしいほど明るく光る。

読み／同音・同訓異字／漢字の識別／熟語の構成／部首／対義語・類義語／送り仮名／四字熟語／誤字訂正／書き取り

次の――線の漢字の読みをひらがなで記せ。

□ 01 歯の知覚過敏に悩まされる。　（　　　　）

□ 02 手で拍子をとりながら歌う。　（　　　　）

□ 03 今回は趣向をこらした作品が多い。（　　　　）

□ 04 猛烈な追い上げで逆転する。　（　　　　）

□ 05 運動会で応援合戦が始まった。（　　　　）

□ 06 業者に白アリを駆除してもらう。（　　　　）

□ 07 相手の立場を考慮して判断する。（　　　　）

□ 08 遠くから弾んだ声が聞こえる。（　　　　）

□ 09 狭い部屋に閉じ込められる。（　　　　）

□ 10 現在の苦境を訴える。　（　　　　）

解答 | 解説

01 （　かびん　）

物事に対する感じ方が敏感すぎること。
他例 敏速・敏腕・機敏・鋭敏

02 （　ひょうし　）

音楽のリズムのもとになる、音の強弱による規則的な区切り。
他例 拍車・拍手・突拍子

03 （　しゅこう　）

おもむきやおもしろみ。
他例 趣旨・趣味・雅趣・趣意

04 （　もうれつ　）

程度のはなはだしいさま。
他例 猛威・猛獣

05 （　おうえん　）

力を貸して助けること。
他例 声援・援助・支援・救援

06 （　くじょ　）

害虫などを追い払ったり退治したりしてとり除くこと。
他例 駆使・駆動・先駆

07 （　こうりょ　）

よく考えること。
他例 遠慮・思慮・配慮・熟慮

08 （　はず　）

弾む＝気持ちがうきうきする。勢いがでる。

09 （　せま　）

狭い＝面積・幅などの空間が小さい。

10 （　うった　）

訴える＝不平・苦情などを言う。

読み

同音・同訓異字

漢字の識別

熟語の構成

部首

対義語・類義語

送り仮名

四字熟語

誤字訂正

書き取り

次の──線の漢字の読みをひらがなで記せ。

□ 01 祖母の健脚ぶりに驚く。　　　　（　　　　）

□ 02 駅からの送迎バスを利用する。　（　　　　）

□ 03 自ら率先して問題に取り組む。　（　　　　）

□ 04 飛躍的な成長をとげる。　　　　（　　　　）

□ 05 入学試験の出題傾向を調べる。　（　　　　）

□ 06 幼い子供が行儀よく座っている。（　　　　）

□ 07 ひょんな機縁で友人になる。　　（　　　　）

□ 08 派手な柄のスカートを買った。　（　　　　）

□ 09 誇りに思う仕事に就けて幸せだ。（　　　　）

□ 10 農家の稲刈りを手伝う。　　　　（　　　　）

解答 / **解説**

01 (けんきゃく)
足がじょうぶで、歩くのが達者なこと。
他例 脚注・脚光・脚本・脚色

02 (そうげい)
人を送ったり迎えたりすること。
他例 迎合・歓迎

03 (そっせん)
人に先がけてすること。進んで行うこと。
他例 引率・軽率・率直

04 (ひやく)
急速に進歩・発展すること。
他例 跳躍・躍進・活躍・躍動

05 (けいこう)
物事の状態などがある方向へ向かっていること。
他例 傾斜

06 (ぎょうぎ)
立ち居ふるまいの作法。
他例 威儀・流儀

07 (きえん)
物事の起こるようになるきっかけ。
他例 縁起・縁故・縁側・縁日

08 (がら)
布地などの模様。
他例 手柄・人柄・柄

09 (ほこ)
誇り＝誇ること。名誉に思うこと。

10 (いねか)
稲刈り＝実った稲を刈り取ること。

23

次の——線の漢字の読みをひらがなで記せ。

□ 01 大地震の詳報が待たれる。　　（　　　）

□ 02 風雅な音色が聞こえてくる。　　（　　　）

□ 03 互いの信頼関係を大事にする。　（　　　）

□ 04 遣唐使について図書館で調べる。（　　　）

□ 05 切迫した事態に一同青ざめる。　（　　　）

□ 06 箇条書きで用件を整理する。　　（　　　）

□ 07 動かぬ証拠を見つける。　　　　（　　　）

□ 08 重い責任から逃れる。　　　　　（　　　）

□ 09 お化け屋敷で怖い思いをする。　（　　　）

□ 10 森の中で老木が静かに朽ちる。　（　　　）

合格点	得点
7/10	/10

一番
よくでるよ！

でる度 ★★★
★★
★

解答

解説

01 (しょうほう)

くわしい知らせ。
他例 詳細・不詳

02 (ふうが)

上品でおもむきのあること。
他例 優雅・雅趣・雅楽

03 (しんらい)

信じて頼りにすること。信用して任せること。
他例 依頼

04 (けんとうし)

日本から唐に派遣された使節。
他例 派遣・気遣い・先遣

05 (せっぱく)

何か重大なことが起こりそうで、緊張した状態になること。
他例 迫力・圧迫・気迫・迫真

06 (かじょう)

箇条書き＝事柄を一つ一つの条項に分けて書き並べること。
他例 箇所

07 (しょうこ)

あることが事実であることを証明するしるし。あかし。
他例 根拠・論拠・占拠・拠点

08 (のが)

逃れる＝自分にとって好ましくない場所・立場からうまく逃げ、離れる。
他例 見逃す・逃げる

09 (こわ)

怖い＝恐ろしい。

10 (く)

朽ちる＝草や木などがくさって役に立たなくなる。

読み

同音同訓異字

漢字の識別

熟語の構成

部首

対義語・類義語

送り仮名

四字熟語

誤字訂正

書き取り

25

次の──線の漢字の読みをひらがなで記せ。

□ 01 昔の記憶が鮮明に思い浮かぶ。 （　　　　）

□ 02 宿の露天ぶろにつかる。 （　　　　）

□ 03 象徴派の画家の作品を見る。 （　　　　）

□ 04 厳しい現実から逃避したくなる。（　　　　）

□ 05 多忙な毎日を送っています。 （　　　　）

□ 06 敵は勝負の途中で退却した。 （　　　　）

□ 07 地元住民の熱い歓迎を受けた。 （　　　　）

□ 08 力の限り闘い抜いた。 （　　　　）

□ 09 野菜をやわらかくなるまで煮る。 （　　　　）

□ 10 お土産を箱詰めして自宅に送る。（　　　　）

合格点	得点
7/10	/10

一番よくでるよ！

でる度 ★★★ ★★ ★

右側タブ（縦書き）：読み／同音同訓異字／漢字の識別／熟語の構成／部首／対義語・類義語／送り仮名／四字熟語／誤字訂正／書き取り

解答 / 解説

01 (せんめい)

鮮やかではっきりしているさま。
他例 鮮烈・生鮮・新鮮・鮮度

02 (ろてん)

露天ぶろ＝温泉場などにある、屋外のふろ。
他例 吐露

03 (しょうちょう)

具体的な形のないものを音・色・物などで表すこと。
他例 徴収・特徴・徴候

04 (とうひ)

責任や苦難を逃れ避けること。
他例 回避・避難

05 (たぼう)

非常に忙しいさま。
他例 繁忙・忙殺

06 (たいきゃく)

状況が不利になり退くこと。
他例 却下・売却・返却・脱却

07 (かんげい)

喜んで迎えること。
他例 歓待・歓呼・歓談

08 (たたか)

闘い抜く＝困難や障害などに打ち勝とうと最後までたたかう。

09 (に)

煮る＝食品などを水や調味料とともに火にかけて熱を通す。

10 (はこづ)

箱詰め＝箱に詰めること。また、箱に詰めたもの。

27

次の——線の漢字の読みをひらがなで記せ。

□ **01** 新築の家の室内装飾に気を遣う。（　　　）

□ **02** 理容室で散髪してもらう。　　　（　　　）

□ **03** 前を走る選手との距離を縮める。（　　　）

□ **04** 彼女の先見の明に脱帽する。　　（　　　）

□ **05** 腕白な子供たちに振り回される。（　　　）

□ **06** 田舎で療養生活を送る。　　　　（　　　）

□ **07** 課題図書の要旨をまとめる。　　（　　　）

□ **08** 大方の意見は賛成に傾いた。　　（　　　）

□ **09** 微妙な判定を巡って観客が騒ぐ。（　　　）

□ **10** 夏になって草木が生い茂る。　　（　　　）

解答 **解説**

01 (そうしょく)
美しく見えるように飾ること。
他例 服飾

02 (さんぱつ)
のびた髪を刈り整えること。理髪。
他例 頭髪・毛髪

03 (きょり)
二つの地点の間のへだたり。間かく。
他例 離脱・分離・離合・離陸

04 (だつぼう)
相手の力量や行為に敬意を表すこと。
他例 離脱・脱出・脱却・脱字

05 (わんぱく)
子供がいたずらで、言うことを聞かず、活発なさま。
他例 手腕・敏腕・腕力・腕章

06 (りょうよう)
病気の手当てと心身の回復のため、休養をとること。
他例 医療・治療・療法

07 (ようし)
話や文で言い表そうとしている最も大事なところ。
他例 趣旨・論旨

08 (かたむ)
傾く＝意見や情勢が、ある方向に向く。

09 (さわ)
騒ぐ＝やかましい声や物音をたてる。

10 (しげ)
生い茂る＝草や木の葉がいっぱい生えて、重なり合った状態になる。

次の——線の漢字の読みをひらがなで記せ。

□ **01** 試合で抜群の成績を収める。 （　　　）

□ **02** 依然として彼の行方はつかめない。（　　　）

□ **03** 後輩の指導・育成にあたる。 （　　　）

□ **04** 会社の浮沈に関わる開発事業だ。（　　　）

□ **05** 空を飛ぶ円盤の話をする。 （　　　）

□ **06** 連載を受け持つ人気作家。 （　　　）

□ **07** ラジオ番組に投稿する。 （　　　）

□ **08** あの歌手は透き通る声を持つ。 （　　　）

□ **09** 休日に子供たちと共に芋を掘る。 （　　　）

□ **10** 軒先にツバメが巣を作っている。（　　　）

一番よくでるよ！

でる度 ★★★ / ★★ / ★

解答　解説

01 (ばつぐん)
多くの中で飛び抜けて優れていること。
他例 奇抜・選抜

02 (いぜん)
もとのままで少しも変わらない様子。
他例 依頼

03 (こうはい)
年齢・技術・経験などが自分より少ない人。後進。
他例 輩出・先輩

04 (ふちん)
浮くことと、沈むこと。盛んになることと、おとろえること。
他例 沈黙・沈下・沈殿

05 (えんばん)
ひらたくまるい形のもの。
他例 序盤・盤石・終盤

06 (れんさい)
新聞・雑誌などに、作品を続き物として載せること。
他例 積載・満載・転載・登載

07 (とうこう)
新聞社・雑誌社などに自分から原稿を送ること。
他例 原稿・草稿・寄稿・遺稿

08 (す)
透き通る＝声や音が澄んでいる。

09 (いも)
植物の地下のくきや根がでんぷんなどの養分をためて大きくなったもの。

10 (のきさき)
軒の先端のほう。家の軒のすぐそば。

読み

同音・同訓異字

漢字の識別

熟語の構成

部首

対義語・類義語

送り仮名

四字熟語

誤字訂正

書き取り

31

次の——線のカタカナにあてはまる漢字をそれぞれの
ア～オから一つ選び、記号を記せ。

□ **01** 長老が**カン**杯の音頭をとる。　　　（　　）

□ **02** 友達と**カン**談する。　　　（　　）

□ **03** 会社の会計を**カン**査する。　　　（　　）

（ア 館　イ 簡　ウ 歓　エ 乾　オ 監）

□ **04** 博士の**ショウ**号を手に入れる。　　　（　　）

□ **05** 作者未**ショウ**の短歌を読む。　　　（　　）

□ **06** 両親に婚約者を**ショウ**介する。　　　（　　）

（ア 称　イ 将　ウ 紹　エ 詳　オ 唱）

□ **07** 敵の弱点を**ツ**く。　　　（　　）

□ **08** 難しい質問をされ言葉に**ツ**まる。　（　　）

□ **09** 大学を出て実家の家業を**ツ**ぐ。　　（　　）

（ア 継　イ 突　ウ 着　エ 付　オ 詰）

解答　　　　**解説**

読み

同音同訓異字

漢字の識別

熟語の構成

部首

対義語・類義語

送り仮名

四字熟語

誤字訂正

書き取り

01 （ エ ）
乾杯＝あることを祝って、互いにさかずきをさしあげて酒を飲み干すこと。
他例 乾季・乾電池・乾燥

02 （ ウ ）
歓談＝うちとけて楽しく話をすること。
他例 歓迎会・歓呼・歓喜・歓声

03 （ オ ）
監査＝会計などを監督して検査すること。
他例 監修・監視

04 （ ア ）
称号＝呼び名。また、社会的栄誉としての資格を表す名称。
他例 対称・名称・愛称・称賛

05 （ エ ）
未詳＝まだくわしく分かっていないこと。
他例 詳報・不詳・詳細

06 （ ウ ）
紹介＝未知の人同士の間に立って両者を引き合わせること。

07 （ イ ）
突く＝相手の弱点や欠点を攻撃する。襲う。

08 （ オ ）
言葉に詰まる＝うまい言い方が見つからず、話し続けることができない。

09 （ ア ）
継ぐ＝あとを受けて続ける。

次の——線のカタカナにあてはまる漢字をそれぞれの
ア〜オから一つ選び、記号を記せ。

□ **01** 首都ケンのマンションを探す。　（　　　）

□ **02** ケン実な仕事振りを評価された。　（　　　）

□ **03** 昼夜ケン行して勉強を進める。　（　　　）

（ア 兼　イ 堅　ウ 研　エ 圏　オ 健）

□ **04** 太コを打って時を知らせる。　（　　　）

□ **05** コ張した表現が誤解を招く。　（　　　）

□ **06** 事件の証コ品を発見する。　（　　　）

（ア 誇　イ 故　ウ 枯　エ 拠　オ 鼓）

□ **07** 弱体化したチームの指揮をトる。（　　　）

□ **08** 前髪をピンでトめる。　（　　　）

□ **09** 友人を家に一晩トめる。　（　　　）

（ア 泊　イ 止　ウ 執　エ 留　オ 溶）

34

解答

解説

読み

同音同訓異字

漢字の識別

熟語の構成

部首

対義語・類義語

送り仮名

四字熟語

誤字訂正

書き取り

01 （ エ ）

首都圏＝東京都とその周辺一帯。
他例 大気圏・文化圏・圏内・圏外

02 （ イ ）

堅実＝手堅く確かなさま。しっかりとして危なげのないさま。
他例 堅持・堅固

03 （ ア ）

昼夜兼行＝昼も夜も休まず続行すること。
他例 兼務・兼用・兼業・兼任

04 （ オ ）

太鼓＝打楽器の一つ。
他例 鼓動・鼓舞・鼓笛隊・鼓吹

05 （ ア ）

誇張＝実際より大げさに言ったりしたりすること。
他例 誇大

06 （ エ ）

証拠＝あることが事実であることを証明するしるし。あかし。
他例 拠点・根拠・占拠・準拠

07 （ ウ ）

執る＝物事の事情をしっかりつかんでその仕事を行う。

08 （ エ ）

留める＝固定して離れないようにする。

09 （ ア ）

泊める＝人に宿を貸す。宿泊させる。

次の――線のカタカナにあてはまる漢字をそれぞれの
ア～オから一つ選び、記号を記せ。

□ **01** 必勝を<u>キ</u>願して神社に参る。　　　（　　）

□ **02** <u>キ</u>抜な服装で出かける。　　　　　（　　）

□ **03** <u>キ</u>上の空論を唱える。　　　　　　　（　　）

（ア 祈　イ 季　ウ 奇　エ 机　オ 起）

□ **04** 互いに名<u>シ</u>を交かんする。　　　　　（　　）

□ **05** 本の要<u>シ</u>を理解する。　　　　　　　（　　）

□ **06** <u>シ</u>雄を決する大一番に臨む。　　　　（　　）

（ア 史　イ 雌　ウ 士　エ 旨　オ 刺）

□ **07** 主君の危機に遠方から馬を<u>カ</u>る。　（　　）

□ **08** 豊かに実った稲を<u>カ</u>る。　　　　　　（　　）

□ **09** 常識に<u>カ</u>ける態度に激怒する。　　　（　　）

（ア 刈　イ 欠　ウ 駆　エ 狩　オ 兼）

読み

同音・同訓異字

漢字の識別

熟語の構成

部首

対義語・類義語

送り仮名

四字熟語

誤字訂正

書き取り

解答 **解説**

01 （ ア ）

祈願＝神仏に願いをかけて祈ること。
[他例] 祈念

02 （ ウ ）

奇抜＝思いもよらないほど他と違っていること。
[他例] 奇術・好奇心・数奇・奇数

03 （ エ ）

机上の空論＝頭の中だけで考えた、実際には役に立たない考え。

04 （ オ ）

名刺＝氏名・住所・勤務先・身分などを記した小形の紙ふだ。
[他例] 風刺・刺激

05 （ エ ）

要旨＝談話や文章で言い表そうとしている最も大事なところ。
[他例] 趣旨・主旨・論旨

06 （ イ ）

雌雄を決する＝戦って勝ち負けを決める。

07 （ ウ ）

駆る＝追い立てる。走らせる。

08 （ ア ）

刈る＝草木や髪などを切り取る。

09 （ イ ）

欠ける＝あるべきものが不足する。足りない。

三つの□に共通する漢字を入れて熟語を作れ。漢字は
1〜5、6〜10それぞれ右の□□から一つ選び、記号を記せ。

□01 相□・□角・交□　（　　）

□02 回□・逃□・□暑　（　　）

□03 □行・□心・□着　（　　）

□04 規□・師□・□囲　（　　）

□05 □舞・太□・□笛隊（　　）

ア	避
イ	鼓
ウ	談
エ	執
オ	計
カ	範
キ	旅
ク	互
ケ	述
コ	内

□06 □歯・奇□・□群　（　　）

□07 □性・自□・高□　（　　）

□08 指□・□出・□発　（　　）

□09 接□・□覚・□感　（　　）

□10 □星・迷□・困□　（　　）

ア	摘
イ	慢
ウ	信
エ	先
オ	爆
カ	天
キ	抜
ク	触
ケ	点
コ	惑

読み

同音・同訓異字

漢字の識別

熟語の構成

部首

対義語・類義語

送り仮名

四字熟語

誤字訂正

書き取り

解答・解説

01（ク）
相互＝互いに働きかけがあること。
互角＝互いの力量に優劣のないこと。
交互＝互い違い。かわるがわる。
他例：互選・互助

02（ア）
回避＝さけてぶつからないようにすること。
逃避＝困難などに直面したとき逃げること。
避暑＝すずしい土地で夏の暑さをさけること。
他例：不可避

03（エ）
執行＝決められていることを実際に行うこと。
執心＝一つのことに心をうばわれること。
執着＝なかなかあきらめきれないこと。
他例：固執・執念・執務

04（カ）
規範＝行動や判断の基準となること。
師範＝人の手本となること。または、その人。
範囲＝ある一定の限られた区域のこと。
他例：模範

05（イ）
鼓舞＝人をはげまし、勢いづけること。
太鼓＝打楽器の一つ。
鼓笛隊＝太鼓と笛を主体とする行進用の楽隊。
他例：鼓動・鼓吹

06（キ）
抜歯＝歯を抜きとること。
奇抜＝思いもよらないほど他と違っていること。
抜群＝多くの中で飛び抜けて優れていること。
他例：選抜・抜本的・海抜

07（イ）
慢性＝いつまでも治らずに長引く病気の性質。
自慢＝自分のことを誇らしげに示すこと。
高慢＝うぬぼれて人を見下すさま。
他例：慢心

08（ア）
指摘＝特に取り上げ具体的に指し示すこと。
摘出＝当てはまる部分を取り出すこと。
摘発＝悪事などをあばき社会に公表すること。
他例：摘要

09（ク）
接触＝近づいて触れること。
触覚＝物に触れた時に起こる感覚。
触感＝物に触れた時の感じ。
他例：感触・触発・触手

10（コ）
惑星＝恒星の周囲を公転する天体。
迷惑＝他の人が不利益や不快を感じること。
困惑＝どうしてよいか判断がつかず迷うこと。
他例：疑惑・思惑・当惑

三つの□に共通する漢字を入れて熟語を作れ。漢字は
1～5、6～10それぞれ右の□から一つ選び、記号を記せ。

□01 □在・紹□・□護 （　　）

□02 □送・運□・□入 （　　）

□03 □章・□力・□前 （　　）

□04 活□・□進・勇□ （　　）

□05 □火・□風・猛□ （　　）

アイウエオカキクケコ
搬　躍　介　存　温　噴　攻　看　烈　腕

□06 遊□・□曲・□画 （　　）

□07 作□・無□・人□ （　　）

□08 絶□・□技・奇□ （　　）

□09 繁□・□産・養□ （　　）

□10 □第・追□・普□ （　　）

アイウエオカキクケコ
為　念　戯　妙　殖　栄　及　次　通　対

40

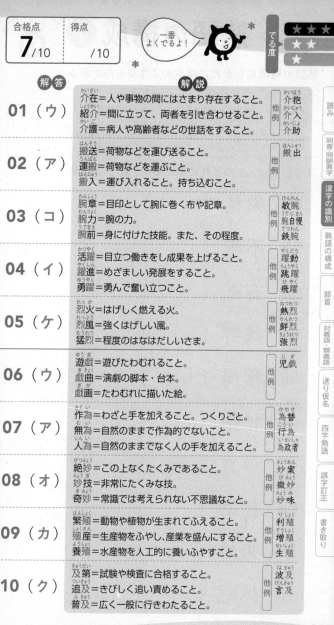

解答 / 解説

01（ウ）
介在=人や事物の間にはさまり存在すること。
紹介=間に立って、両者を引き合わせること。
介護=病人や高齢者などの世話をすること。

他例 介抱 介入 介助

02（ア）
搬送=荷物などを運び送ること。
運搬=荷物などを運ぶこと。
搬入=運び入れること。持ち込むこと。

他例 搬出

03（コ）
腕章=目印として腕に巻く布や記章。
腕力=腕の力。
腕前=身に付けた技能。また、その程度。

他例 敏腕 腕自慢 鉄腕

04（イ）
活躍=目立つ働きをし成果を上げること。
躍進=めざましい発展をすること。
勇躍=勇んで奮い立つこと。

他例 躍動 跳躍 飛躍

05（ケ）
烈火=はげしく燃える火。
烈風=強くはげしい風。
猛烈=程度のはなはだしいさま。

他例 熱烈 鮮烈 強烈

06（ウ）
遊戯=遊びたわむれること。
戯曲=演劇の脚本・台本。
戯画=たわむれに描いた絵。

他例 児戯

07（ア）
作為=わざと手を加えること。つくりごと。
無為=自然のままで作為的でないこと。
人為=自然のままでなく人の手を加えること。

他例 為替 行為 為政者

08（オ）
絶妙=この上なくたくみであること。
妙技=非常にたくみな技。
奇妙=常識では考えられない不思議なこと。

他例 妙案 微妙 妙味

09（カ）
繁殖=動物や植物が生まれてふえること。
殖産=生産物をふやし、産業を盛んにすること。
養殖=水産物を人工的に養いふやすこと。

他例 利殖 増殖 生殖

10（ク）
及第=試験や検査に合格すること。
追及=きびしく追い責めること。
普及=広く一般に行きわたること。

他例 波及 言及

読み｜同音・同訓異字｜漢字の識別｜熟語の構成｜部首｜対義語・類義語｜送り仮名｜四字熟語｜誤字訂正｜書き取り

熟語の構成のしかたには次のようなものがある。

> ア 同じような意味の漢字を重ねたもの（**身体**）
> イ 反対または対応の意味を表す字を重ねたもの（**軽重**）
> ウ 上の字が下の字を修飾しているもの（**会員**）
> エ 下の字が上の字の目的語・補語になっているもの（**着火**）
> オ 上の字が下の字の意味を打ち消しているもの（**非常**）

次の熟語は、上のどれにあたるか、記号で記せ。

□ 01 栄枯 （　　　）

□ 02 不慮 （　　　）

□ 03 安眠 （　　　）

□ 04 抜群 （　　　）

□ 05 獲得 （　　　）

□ 06 拡幅 （　　　）

□ 07 尽力 （　　　）

□ 08 援助 （　　　）

□ 09 未婚 （　　　）

□ 10 休暇 （　　　）

合格点	得点
7/10	/10

一番
よくでるよ！

でる度 ★★★ / ★★ / ★

よく考えて
みよう！

読み

同音同訓異字

漢字の識別

熟語の構成

部首

対義語・類義語

送り仮名

四字熟語

誤字訂正

書き取り

解答 / 解説

01 （ イ ） 栄枯〔えいこ〕 「栄える」⟷「おとろえる」と考える。

02 （ オ ） 不慮〔ふりょ〕 「思いがけない」と考える。

03 （ ウ ） 安眠〔あんみん〕 「安らかな→眠り」と考える。

04 （ エ ） 抜群〔ばつぐん〕 「抜く←群を」と考える。

05 （ ア ） 獲得〔かくとく〕 どちらも「える」の意味。

06 （ エ ） 拡幅〔かくふく〕 「ひろげる←幅を」と考える。

07 （ エ ） 尽力〔じんりょく〕 「尽くす←力を」と考える。

08 （ ア ） 援助〔えんじょ〕 どちらも「たすける」の意味。

09 （ オ ） 未婚〔みこん〕 「まだ結婚していない」と考える。

10 （ ア ） 休暇〔きゅうか〕 どちらも「やすむ」の意味。

熟語の構成 2

熟語の構成のしかたには次のようなものがある。

> ア 同じような意味の漢字を重ねたもの（**身体**）
> イ 反対または対応の意味を表す字を重ねたもの（**軽重**）
> ウ 上の字が下の字を修飾しているもの（**会員**）
> エ 下の字が上の字の目的語・補語になっているもの（**着火**）
> オ 上の字が下の字の意味を打ち消しているもの（**非常**）

次の熟語は、上のどれにあたるか、記号で記せ。

□ 01　繁茂（　　　）

□ 02　執筆（　　　）

□ 03　握力（　　　）

□ 04　思慮（　　　）

□ 05　未詳（　　　）

□ 06　是非（　　　）

□ 07　耐震（　　　）

□ 08　清濁（　　　）

□ 09　利害（　　　）

□ 10　不眠（　　　）

一番
よくでるよ！

でる度 ★★★
★★
★

よく考えて
みよう！

読み

同音・同訓異字

漢字の識別

熟語の構成

部首

対義語・類義語

送り仮名

四字熟語

誤字訂正

書き取り

解答　　　　　　　　　　**解説**

01 （ **ア** ）　繁茂　どちらも「しげる」の意味。

02 （ **エ** ）　執筆　「執る ← 筆を」と考える。

03 （ **ウ** ）　握力　「握る → 力」と考える。

04 （ **ア** ）　思慮　どちらも「考える」の意味。

05 （ **オ** ）　未詳　「まだ詳しくない」と考える。

06 （ **イ** ）　是非　「正しい」⟷「よくない」と考える。

07 （ **エ** ）　耐震　「耐える ← 地震に」と考える。

08 （ **イ** ）　清濁　「澄んでいる」⟷「濁っている」と考える。

09 （ **イ** ）　利害　「利益」⟷「損害」と考える。

10 （ **オ** ）　不眠　「眠らない」と考える。

熟語の構成のしかたには次のようなものがある。

> ア 同じような意味の漢字を重ねたもの（**身体**）
> イ 反対または対応の意味を表す字を重ねたもの（**軽重**）
> ウ 上の字が下の字を修飾しているもの（**会員**）
> エ 下の字が上の字の目的語・補語になっているもの（**着火**）
> オ 上の字が下の字の意味を打ち消しているもの（**非常**）

次の熟語は、上のどれにあたるか、記号で記せ。

□ 01 無尽 （　　　）

□ 02 賞罰 （　　　）

□ 03 運搬 （　　　）

□ 04 即答 （　　　）

□ 05 握手 （　　　）

□ 06 比較 （　　　）

□ 07 送迎 （　　　）

□ 08 脱皮 （　　　）

□ 09 不屈 （　　　）

□ 10 斜面 （　　　）

よく考えて
みよう！

読み

同音・同訓異字

漢字の識別

熟語の構成

部首

対義語・類義語

送り仮名

四字熟語

誤字訂正

書き取り

解答　　　　　**解説**

01 （ オ ）　無尽　「尽きることがない」と考える。

02 （ イ ）　賞罰　「ほめる」⟷「罰する」と考える。

03 （ ア ）　運搬　どちらも「はこぶ」の意味。

04 （ ウ ）　即答　「すぐに→答える」と考える。

05 （ エ ）　握手　「握る←手を」と考える。

06 （ ア ）　比較　どちらも「くらべる」の意味。

07 （ イ ）　送迎　「送る」⟷「迎える」と考える。

08 （ エ ）　脱皮　「脱ぐ←皮を」と考える。

09 （ オ ）　不屈　「屈しない」と考える。

10 （ ウ ）　斜面　「斜めの→面」と考える。

熟語の構成のしかたには次のようなものがある。

ア 同じような意味の漢字を重ねたもの（**身体**） イ 反対または対応の意味を表す字を重ねたもの（**軽重**） ウ 上の字が下の字を修飾しているもの（**会員**） エ 下の字が上の字の目的語・補語になっているもの（**着火**） オ 上の字が下の字の意味を打ち消しているもの（**非常**）

次の熟語は、上のどれにあたるか、記号で記せ。

□ **01** 捕獲 （　　　）

□ **02** 遅刻 （　　　）

□ **03** 無為 （　　　）

□ **04** 乾季 （　　　）

□ **05** 到達 （　　　）

□ **06** 即決 （　　　）

□ **07** 起床 （　　　）

□ **08** 濃淡 （　　　）

□ **09** 不朽 （　　　）

□ **10** 着脱 （　　　）

一番
よくでるよ！

でる度 ★★★
★★
★

よく考えて
みよう！

読み

同音・同訓異字

漢字の識別

熟語の構成

部首

対義語・類義語

送り仮名

四字熟語

誤字訂正

書き取り

解答　　　　　　　　　**解説**

01 （ **ア** ）　捕獲（ほかく）　どちらも「とらえる」の意味。

02 （ **エ** ）　遅刻（ちこく）　「遅れる ← 時刻に」と考える。

03 （ **オ** ）　無為（むい）　「なすことがない」と考える。

04 （ **ウ** ）　乾季（かんき）　「乾燥した → 季節」と考える。

05 （ **ア** ）　到達（とうたつ）　どちらも「行きつく」の意味。

06 （ **ウ** ）　即決（そっけつ）　「すぐに → 決める」と考える。

07 （ **エ** ）　起床（きしょう）　「起きる ← 寝床から」と考える。

08 （ **イ** ）　濃淡（のうたん）　「濃い」 ⇔ 「薄い」と考える。

09 （ **オ** ）　不朽（ふきゅう）　「くちない」と考える。

10 （ **イ** ）　着脱（ちゃくだつ）　「着る」 ⇔ 「脱ぐ」と考える。

熟語の構成のしかたには次のようなものがある。

> ア 同じような意味の漢字を重ねたもの（**身体**）
> イ 反対または対応の意味を表す字を重ねたもの（**軽重**）
> ウ 上の字が下の字を修飾しているもの（**会員**）
> エ 下の字が上の字の目的語・補語になっているもの（**着火**）
> オ 上の字が下の字の意味を打ち消しているもの（**非常**）

次の熟語は、上のどれにあたるか、記号で記せ。

□ 01 禁煙 （　　　）

□ 02 雌雄 （　　　）

□ 03 不振 （　　　）

□ 04 功罪 （　　　）

□ 05 曇天 （　　　）

□ 06 遊戯 （　　　）

□ 07 避暑 （　　　）

□ 08 違反 （　　　）

□ 09 波紋 （　　　）

□ 10 未熟 （　　　）

合格点	得点
7/10	/10

一番よくでるよ！

でる度 ★★★

よく考えてみよう！

解答 / **解説**

右側の見出し（上から下）：読み／同音・同訓異字／漢字の識別／熟語の構成／部首／対義語・類義語／送り仮名／四字熟語／誤字訂正／書き取り

01 （ エ ） 禁煙（きんえん） 「禁じる ← たばこを」と考える。

02 （ イ ） 雌雄（しゆう） 「メス」←→「オス」と考える。

03 （ オ ） 不振（ふしん） 「ふるわない」と考える。

04 （ イ ） 功罪（こうざい） 「手柄（功績）」←→「あやまち（罪過）」と考える。

05 （ ウ ） 曇天（どんてん） 「曇った → 空」と考える。

06 （ ア ） 遊戯（ゆうぎ） どちらも「あそぶ」の意味。

07 （ エ ） 避暑（ひしょ） 「避ける ← 暑さを」と考える。

08 （ ア ） 違反（いはん） どちらも「そむく」の意味。

09 （ ウ ） 波紋（はもん） 「波の → 模様」と考える。

10 （ オ ） 未熟（みじゅく） 「まだ熟さない」と考える。

51

次の漢字の部首をア〜エから一つ選び、記号を記せ。

□ 01 戯 （ア 虍 イ 戈 ウ ノ エ 丶） （　　　）

□ 02 奥 （ア ノ イ 冂 ウ 米 エ 大） （　　　）

□ 03 誉 （ア ゛ イ 一 ウ 言 エ 八） （　　　）

□ 04 壱 （ア 士 イ 宀 ウ ノ エ 匕） （　　　）

□ 05 扇 （ア 一 イ 戸 ウ 尸 エ 羽） （　　　）

□ 06 罰 （ア 罒 イ 言 ウ 刂 エ 刂） （　　　）

□ 07 彩 （ア ノ イ ゛ ウ 木 エ 彡） （　　　）

□ 08 脚 （ア 月 イ 土 ウ 厶 エ 卩） （　　　）

□ 09 殿 （ア 尸 イ ハ ウ 殳 エ 又） （　　　）

□ 10 翼 （ア 羽 イ 田 ウ 二 エ ハ） （

解答　　　　**解説**

読み

同音・同訓異字

漢字の識別

熟語の構成

部首

対義語・類義語

送り仮名

四字熟語

誤字訂正

書き取り

01 （　イ　）

ほこづくり・ほこがまえ
他例 戒・我・成・戦

02 （　エ　）

だい
他例 奇・奏・奮・失・夫

03 （　ウ　）

げん
他例 出題範囲では、誉と警と言のみ。
注意 ⺍（つかんむり）ではない。

04 （　ア　）

さむらい
他例 出題範囲では、壱と士と声と売のみ。

05 （　イ　）

とだれ・とかんむり
他例 出題範囲では、扇のみ。

06 （　ア　）

あみがしら・あみめ・よこめ
他例 出題範囲では、罰と署と罪と置のみ。

07 （　エ　）

さんづくり
他例 出題範囲では、彩と影と形のみ。

08 （　ア　）

にくづき
他例 脂・脱・胴・肪・腰

09 （　ウ　）

るまた・ほこづくり
他例 出題範囲では、殿と段と殺のみ。

10 （　ア　）

はね
他例 出題範囲では、翼と翌と習と羽のみ。

次の漢字の部首をア～エから一つ選び、記号を記せ。

□01 豪 (ア 亠 イ 口 ウ 亠 エ 豕) （　　　）

□02 趣 (ア 土 イ 走 ウ 耳 エ 又) （　　　）

□03 威 (ア 厂 イ 戈 ウ 丶 エ 女) （　　　）

□04 幾 (ア 幺 イ ノ ウ 丶 エ 戈) （　　　）

□05 惑 (ア 戈 イ 口 ウ 心 エ 一) （　　　）

□06 歳 (ア 止 イ 戈 ウ 示 エ 丶) （　　　）

□07 突 (ア 宀 イ 穴 ウ 一 エ 大) （　　　）

□08 尾 (ア 厂 イ 尸 ウ 毛 エ し) （　　　）

□09 影 (ア 日 イ 亠 ウ 小 エ 彡) （　　　）

□10 畳 (ア 田 イ 冖 ウ 目 エ 一) （　　　）

| 読み | 同音・同訓異字 | 漢字の識別 | 熟語の構成 | 部首 | 対義語・類義語 | 送り仮名 | 四字熟語 | 誤字訂正 | 書き取り |

解答　　　**解説**

01 （　エ　）
ぶた・いのこ
[他例] 出題範囲では、豪と象のみ。

02 （　イ　）
そうにょう
[他例] 出題範囲では、趣と越と起のみ。

03 （　エ　）
おんな
[他例] 姿・妻・委・女

04 （　ア　）
よう・いとがしら
[他例] 出題範囲では、幾と幼のみ。
[注意] 戈（ほこづくり・ほこがまえ）ではない。

05 （　ウ　）
こころ
[他例] 恐・恵・恥・怒・恩

06 （　ア　）
とめる
[他例] 武・歴・止・歩・正

07 （　イ　）
あなかんむり
[他例] 出題範囲では、突と窓と究と空のみ。

08 （　イ　）
かばね・しかばね
[他例] 屈・尽・尺・層・展

09 （　エ　）
さんづくり
[他例] 出題範囲では、影と彩と形のみ。

10 （　ア　）
た
[他例] 異・留・界・申・畑

次の漢字の部首をア～エから一つ選び、記号を記せ。

□ 01 窓 （ア 心 イ ム ウ 穴 エ 宀） （　　）

□ 02 烈 （ア 一 イ 歹 ウ リ エ 灬） （　　）

□ 03 朱 （ア ノ イ 二 ウ 木 エ Ｉ） （　　）

□ 04 療 （ア 丶 イ 疒 ウ 日 エ 小） （　　）

□ 05 競 （ア 立 イ 口 ウ 儿 エ 土） （　　）

□ 06 盆 （ア ハ イ 刀 ウ 皿 エ 罒） （　　）

□ 07 釈 （ア 禾 イ 釆 ウ 米 エ 尸） （　　）

□ 08 蓄 （ア 艹 イ 亠 ウ 玄 エ 田） （　　）

□ 09 慮 （ア 广 イ 虍 ウ 田 エ 心） （　　）

□ 10 曇 （ア 日 イ 雨 ウ 二 エ ム） （　　）

解答 / 解説

01 (ウ)

あなかんむり
他例 出題範囲では、窓と突と究と空のみ。

02 (エ)

れんが・れっか
他例 為・煮・熟・照・然

03 (ウ)

き
他例 柔・染・査・条・案

04 (イ)

やまいだれ
他例 出題範囲では、療と疲と痛と病のみ。

05 (ア)

たつ
他例 出題範囲では、競と章と童と立のみ。

06 (ウ)

さら
他例 監・盗・盤・盛・盟

07 (イ)

のごめへん
他例 出題範囲では、釈のみ。

08 (ア)

くさかんむり
他例 芋・菓・荒・芝・薪

09 (エ)

こころ
他例 恋・憲・忠・忘・応

10 (ア)

ひ
他例 旨・旬・普・暦・暑

次の漢字の部首をア〜エから一つ選び、記号を記せ。

□01 鬼 (ア ノ イ 田 ウ 鬼 エ 儿) （　　）

□02 壁 (ア 尸 イ 口 ウ 辛 エ 土) （　　）

□03 是 (ア 日 イ 一 ウ ノ エ 疋) （　　）

□04 帽 (ア 巾 イ 冂 ウ 日 エ 目) （　　）

□05 玄 (ア 亠 イ ム ウ 幺 エ 玄) （　　）

□06 驚 (ア 艹 イ 攵 ウ 馬 エ 灬) （　　）

□07 劣 (ア 丨 イ 小 ウ ノ エ 力) （　　）

□08 剤 (ア 亠 イ 文 ウ 刂 エ 丿) （　　）

□09 傾 (ア 亻 イ 匕 ウ 頁 エ 貝) （　　）

□10 却 (ア 土 イ ム ウ 卩 エ 丨) （　　）

58

解答　　　　　　　**解説**

01 （　ウ　）
おに
[他例] 出題範囲では、鬼のみ。

02 （　エ　）
つち
[他例] 在・墓・報・型・堂

03 （　ア　）
ひ
[他例] 暮・易・旧・暴・景

04 （　イ　）
はばへん・きんべん
[他例] 出題範囲では、帽と幅と帳のみ。

05 （　エ　）
げん
[他例] 出題範囲では、玄と率のみ。

06 （　ウ　）
うま
[他例] 出題範囲では、驚と馬のみ。

07 （　エ　）
ちから
[他例] 勧・勤・効・勢・務

08 （　ウ　）
りっとう
[他例] 刈・剣・刺・到・割

09 （　ア　）
にんべん
[他例] 依・偉・儀・仰・伺

10 （　ウ　）
わりふ・ふしづくり
[他例] 出題範囲では、却と即と卵と印のみ。

読み

同音・同訓異字

漢字の識別

熟語の構成

部首

対義語・類義語

送り仮名

四字熟語

誤字訂正

書き取り

右の□の中のひらがなを一度だけ使って漢字に直し一字記入して、対義語・類義語を作れ。

対義語

□ 01 利益 ―（　　）失

□ 02 開放 ― 閉（　　）

□ 03 親切 ―（　　）淡

□ 04 加入 ― 脱（　　）

□ 05 巨大 ― 微（　　）

類義語

□ 06 釈明 ―（　　）解

□ 07 注意 ―（　　）戒

□ 08 使命 ― 責（　　）

□ 09 恒久 ―（　　）遠

□ 10 及第 ― 合（　　）

えい
かく
けい
さ
さい
そん
たい
べん
む
れい

解答 / 解説

読み

同音同訓異字

漢字の識別

熟語の構成

部首

対義語・類義語

送り仮名

四字熟語

誤字訂正

書き取り

01 （ 損 ）失
利益＝もうけ、利得。
損失＝利益・財産などを失うこと。

02 閉（ 鎖 ）
開放＝門や戸などをあけはなすこと。
閉鎖＝出入り口などを閉ざすこと。

03 （ 冷 ）淡
親切＝思いやりがあり人に尽くすこと。
冷淡＝思いやりがなく同情や親切心を示さないこと。

04 脱（ 退 ）
加盟＝団体などに加わること。
脱退＝所属している団体・組織などをやめること。 他例 加盟―脱退

05 微（ 細 ）
巨大＝非常に大きいこと。
微細＝極めて細かいさま。ごくわずかなさま。

06 （ 弁 ）解
釈明＝誤解や非難に対し自分の真意・事情などを話し理解を求めること。
弁解＝言い訳をすること。

07 （ 警 ）戒
注意＝心を集中させて気をつけること。
警戒＝よくないことが起こらないように注意し用心すること。 他例 用心―警戒

08 責（ 務 ）
使命＝使者として受けた命令。与えられた重大な務め。
責務＝責任をもって果たすべき任務。

09 （ 永 ）遠
恒久＝いつまでも変わらずに続くこと。
永遠＝時の長く果てしないこと。
他例 不朽―永遠

10 合（ 格 ）
及第＝試験や検査に合格すること。
合格＝入学・採用・資格試験などに受かること。

対義語・類義語 2

右の□の中のひらがなを一度だけ使って漢字に直し一字記入して、対義語・類義語を作れ。

対義語

□ **01** 軽率 ― 慎（　　）

□ **02** 決定 ― 保（　　）

□ **03** 高雅 ― （　　）俗

□ **04** 希薄 ― 濃（　　）

□ **05** 徴収 ― （　　）入

類義語

□ **06** 本気 ― （　　）剣

□ **07** 精進 ― （　　）力

□ **08** 手本 ― （　　）範

□ **09** 対等 ― 互（　　）

□ **10** 対照 ― （　　）較

かく
しん
ちょう
てい
ど
のう
ひみつ
もり
りゅう

解答 / 解説

01 慎（重）
軽率＝注意せずに事をするさま。
慎重＝注意深くて軽々しく行動しないさま。

02 保（留）
決定＝はっきりと決めること。
保留＝すぐに決めてしまわず、そのまま少しとめておくこと。

03 （低）俗
高雅＝気高くて、上品なこと。
低俗＝低級でいやしいこと。下品で俗っぽいこと。他例 優雅―低俗

04 濃（密）
希薄＝液体の濃度などが薄いこと。
濃密＝色合いや密度が濃いこと。他例 淡泊―濃密

05 （納）入
徴収＝お金を取り立てること。
納入＝物やお金を納め入れること。他例 徴集―納入

06 （真）剣
本気＝遊びや冗談でない真剣な気持ちであるさま。
真剣＝本気で物事に取り組むさま。

07 （努）力
精進＝一つのことに精神を集中して一生懸命取り組むこと。
努力＝目的のため力を尽くし励むこと。

08 （模）範
手本＝標準となる型・様式。
模範＝見習うべきもの。

09 互（角）
対等＝互いに優劣・上下などの差のないこと。
互角＝互いの力量に優劣のないこと。

10 （比）較
対照＝他と照らし合わせること。
比較＝二つ以上のものを比べること。

63

右の□の中のひらがなを一度だけ使って漢字に
直し一字記入して、対義語・類義語を作れ。

対義語

□ 01 閉鎖 ― 開（　　）

□ 02 末尾 ― 冒（　　）

□ 03 温和 ― 乱（　　）

□ 04 在宅 ― （　　）守

□ 05 加熱 ― （　　）却

類義語

□ 06 手柄 ― 功（　　）

□ 07 反撃 ― （　　）襲

□ 08 長者 ― （　　）豪

□ 09 専有 ― （　　）占

□ 10 理由 ― （　　）拠

ぎゃく
こん
せき
とう
どく
ふ
ほう
ぼう
る
れい

解答 | 解説

01 開（放）

閉鎖＝出入り口などを閉ざすこと。
開放＝門や戸などをあけはなすこと。

02 冒（頭）

末尾＝一続きのものの終わりの部分。
冒頭＝文章や談話のはじめの部分。

03 乱（暴）

温和＝性質が優しくおとなしいさま。
乱暴＝荒々しいさま。

04 （留）守

在宅＝外出しないで家にいること。
留守＝外出して家にいないこと。

05 （冷）却

加熱＝熱を加えること。
冷却＝冷やすこと。冷えること。

06 功（績）

手柄＝人からほめられる優れた働き。
功績＝意義のある働き。
他例 功労—功績

07 （逆）襲

反撃＝攻めてくる敵を攻め返すこと。
逆襲＝攻められて、守りの立場にあった
ほうが反対に攻撃すること。

08 （富）豪

長者＝金持ち。
富豪＝大金持ち。財産家。

09 （独）占

専有＝自分だけのものにすること。
独占＝一人占めにすること。
他例 占有—独占

10 （根）拠

理由＝物事がそのようになったわけ。
根拠＝物事のよりどころ。もとになる事
実。

読み

同音・同訓異字

漢字の識別

熟語の構成

部首

対義語・類義語

送り仮名

四字熟語

誤字訂正

書き取り

でる度 ★★★ 対義語・類義語 ④

右の□の中のひらがなを一度だけ使って漢字に直し一字記入して、対義語・類義語を作れ。

対義語

☐ 01 起床 ―（　　）寝

☐ 02 保守 ―（　　）新

☐ 03 攻撃 ―（　　）御

☐ 04 沈殿 ― 浮（　　）

☐ 05 中止 ― 継（　　）

類義語

☐ 06 熱狂 ― 興（　　）

☐ 07 永眠 ―（　　）界

☐ 08 考慮 ― 思（　　）

☐ 09 冒頭 ―（　　）初

☐ 10 周到 ― 入（　　）

| あん |
| かく |
| さい |
| しゅう |
| ぞく |
| た |
| ねん |
| ふん |
| ゆう |

66

解答　　　　　　　　　　解説

読み
同音・同訓異字
漢字の識別
熟語の構成
部首
対義語・類義語
送り仮名
四字熟語
誤字訂正
書き取り

01 （ 就しゅう ）寝しん

起床＝寝床から起き出すこと。
就寝＝眠るために寝床に入ること。

02 （ 革かく ）新しん

保守＝旧来のあり方などを尊重すること。
革新＝旧来の組織・制度・慣習などを改めて新しくすること。

03 （ 防ぼう ）御ぎょ

攻撃＝戦い・競技で相手を攻めること。
防御＝敵の攻撃を防ぎ守ること。

04 浮ふ（ 遊ゆう ）

沈殿＝液体中の混じり物が底に沈みたまること。
浮遊＝浮かびただようこと。

05 継けい（ 続ぞく ）

中止＝途中でやめること。
継続＝前から行われていたことを続けること。[他例]中断―継続

06 興こう（ 奮ふん ）

熱狂＝感情が高まり夢中になること。
興奮＝刺激を受けて感情が高ぶること。

07 （ 他た ）界かい

永眠＝永遠の眠りにつくこと。死ぬこと。
他界＝死後の世界。別の世界、あの世。

08 思し（ 案あん ）

考慮＝判断に際して、種々の要素や条件を考えに入れること。
思案＝あれこれと考えること。

09 （ 最さい ）初しょ

冒頭＝文章や談話のはじめの部分。
最初＝一番はじめ。

10 入にゅう（ 念ねん ）

周到＝用意や準備に手抜かりのない様子。
入念＝細かいところまで注意がはらわれていること。

右の□の中のひらがなを一度だけ使って漢字に
直し一字記入して、対義語・類義語を作れ。

対義語

□ 01 冒頭 ―（　　）尾

□ 02 回避 ― 直（　　）

□ 03 定期 ―（　　）時

□ 04 深夜 ―（　　）昼

□ 05 詳細 ― 簡（　　）

類義語

□ 06 変更 ―（　　）定

□ 07 介抱 ― 看（　　）

□ 08 名誉 ― 光（　　）

□ 09 入手 ― 獲（　　）

□ 10 守備 ―（　　）御

えい
かい
ご
とく
はく
ぼう
まつ
めん
りゃく
りん

68

解答

解説

01 （末）尾

冒頭＝文章や談話のはじめの部分。
末尾＝一続きのものの終わりの部分。

02 直（面）

回避＝出合わないよう避けること。
直面＝ある物事に直接に対すること。
[他例] 逃避―直面

03 （臨）時

定期＝一定の期間。決まった期限。
臨時＝前から予定していなかったもの。
[他例] 定例―臨時

04 （白）昼

深夜＝真夜中。夜更け。
白昼＝真昼。日中。

05 簡（略）

詳細＝詳しく細かなこと。
簡略＝細かい点を省き簡単にしてあること。[他例] 繁雑―簡略

06 （改）定

変更＝決まったものを変え改めること。
改定＝従来の決まりなどに定められたことの内容を直して新しくすること。

07 看（護）

介抱＝病人などの世話をすること。
看護＝病人やけが人などの手当てや世話をすること。

08 光（栄）

名誉＝優れている、価値があると世に認められること。
光栄＝輝かしい誉れ。

09 獲（得）

入手＝手に入れること。自分のものにすること。
獲得＝努力して自分のものにすること。

10 （防）御

守備＝戦いや競技などで、敵の攻撃を防いで味方の陣地を守ること。
防御＝敵の攻撃を防ぎ守ること。

読み

同音同訓異字

漢字の識別

熟語の構成

部首

対義語・類義語

送り仮名

四字熟語

誤字訂正

書き取り

送り仮名 ①

次の――線のカタカナを漢字一字と送り仮名（ひらがな）に直せ。

□ 01 めでたく子宝を**サズカル**。　　（　　　　）

□ 02 その古い橋を渡るのは**アブナイ**。（　　　　）

□ 03 京都は文化遺産が**ユタカダ**。　（　　　　）

□ 04 **ヤサシイ**言葉をかける。　　　（　　　　）

□ 05 選手たちが**カロヤカニ**駆ける。（　　　　）

□ 06 重大な使命を**オビル**。　　　　（　　　　）

□ 07 いつ**ハテル**とも知れない戦い。（　　　　）

□ 08 図書館から本を**カリル**。　　　（　　　　）

□ 09 床にごろっと**コロガル**。　　　（　　　　）

□ 10 会わずとも、電話で用が**タリル**。（　　　　）

合格点	得点
7/10	/10

一番
よくでるよ！

でる度 ★★★
★★
★

解答 | 解説

01 (授かる) 　神仏などから、すばらしいものをいただく。

02 (危ない) 　危害を加えられそうな状況である。危険。

03 (豊かだ) 　豊か＝満ち足りて不足のないさま。十分。

04 (優しい) 　情け深い。思いやりがある。

05 (軽やかに) 　軽やか＝軽そうなさま。かるやか。軽快。

06 (帯びる) 　引き受ける。負う。

07 (果てる) 　終わる。終結する。

08 (借りる) 　返す約束で他人の金品を使う。

09 (転がる) 　横になる。体を横にする。

10 (足りる) 　間に合う。十分である。

読み

同音同訓異字

漢字の識別

熟語の構成

部首

対義語・類義語

送り仮名

四字熟語

誤字訂正

書き取り

71

次の——線のカタカナを漢字一字と送り仮名（ひらがな）に直せ。

□ **01** 規則正しい生活が**ノゾマシイ**。 （　　　　）

□ **02** **チヂレタ**髪を編み込む。 （　　　　）

□ **03** **サイワイ**チケットが手に入った。（　　　　）

□ **04** 統計に**モトヅク**研究を行う。 （　　　　）

□ **05** 羊が**ムレル**姿を目にする。 （　　　　）

□ **06** おかずを**クサラシ**てしまった。 （　　　　）

□ **07** 幼少期から文学に**シタシム**。 （　　　　）

□ **08** くもの子を**チラス**ように逃げる。（　　　　）

□ **09** 女手一つで子供を**ヤシナウ**。 （　　　　）

□ **10** 友人の一言に心を**トザス**。 （　　　　）

一番
よくでるよ！

でる度 ★★★
★★
★

読み

同音・同訓異字

漢字の識別

熟語の構成

部首

対義語・類義語

送り仮名

四字熟語

誤字訂正

書き取り

解答

解説

01 (望ましい)　そうあってほしい。願わしい。

02 (縮れた)　縮れる＝毛髪が細かく波打ったり巻いたりした状態になる。

03 (幸い)　望みどおりで満足なさま。

04 (基づく)　よりどころとする。基準。

05 (群れる)　たくさんの人や動物が一つの所に寄り集まる。

06 (腐らし)　腐らす＝腐るようにする。

07 (親しむ)　つねに接して、楽しむ。

08 (散らす)　散るようにする。散った状態にする。

09 (養う)　育てて生活させる。

10 (閉ざす)　ふさぐ。閉める。

次の四字熟語の( )のカタカナを漢字に直し、一字記せ。

□ 01 一網(^ダ)尽

□ 02 起承(^{テン})結

□ 03 山紫水(^{メイ})

□ 04 理路(^{セイ})然

□ 05 狂(^キ)乱舞

□ 06 付和雷(^{ドウ})

□ 07 沈(^シ)黙考

□ 08 一触即(^{ハツ})

□ 09 是非(^{キョク})直

□ 10 豊年(^{マン})作

一番よくでるよ！

解答 解説

01 一網（打）尽
いちもう だ じん

犯人などを一度に全員捕らえること。

---

02 起承（転）結
き しょう てん けつ

物事や文章の組み立て・構成と順序。
他例「承」が出題されることもある。

---

03 山紫水（明）
さん し すい めい

山は紫に映え、水は清らかに澄んでいること。自然の風景の美しいこと。

---

04 理路（整）然
り ろ せい ぜん

話の筋道がきちんとしていること。
他例「理」「路」「然」が出題されることもある。

---

05 狂（喜）乱舞
きょう き らん ぶ

我を忘れてはげしく喜ぶこと。
他例「乱」が出題されることもある。

---

06 付和雷（同）
ふ わ らい どう

しっかりした考えを持たず、軽々しく他人の説に同意すること。
他例「付」「和」が出題されることもある。

---

07 沈（思）黙考
ちん し もっこう

黙って深く考え込むこと。
他例「考」が出題されることもある。

---

08 一触即（発）
いっしょくそく はつ

事態が切迫して、ささいなきっかけで大事の起こりそうなこと。

---

09 是非（曲）直
ぜ ひ きょく ちょく

物事の正しいことと不正なこと。
他例「非」が出題されることもある。

---

10 豊年（満）作
ほうねん まん さく

作物がよく実り、取り入れが多いこと。
他例「豊」が出題されることもある。

読み
同音・同訓異字
漢字の識別
熟語の構成
部首
対義語・類義語
送り仮名
四字熟語
誤字訂正
書き取り

次の四字熟語の（　）のカタカナを漢字に直し、一字記せ。

□ 01　抱（ フク ）絶倒

□ 02　（ ゼン ）途有望

□ 03　七難八（ ク ）

□ 04　（ ズ ）寒足熱

□ 05　一進一（ タイ ）

□ 06　（ メイ ）鏡止水

□ 07　驚天（ ドウ ）地

□ 08　縦（ オウ ）無尽

□ 09　異（ ク ）同音

□ 10　本末（ テン ）倒

76

解答 | 解説

01 抱(腹)絶倒 ほう ふく ぜっとう	腹を抱えて転げまわるほど大笑いすること。 他例「絶」が出題されることもある。
02 (前)途有望 ぜん と ゆうぼう	将来大いに望みがあるさま。 他例「有」「望」が出題されることもある。
03 七難八(苦) しちなんはっ く	様々な災難、苦しみなど。 他例「難」が出題されることもある。
04 (頭)寒足熱 ず かんそくねつ	頭を冷やして、足を暖めること。よく眠れ、体によいという寝方。 他例「寒」「熱」が出題されることもある。
05 一進一(退) いっしんいっ たい	よくなったり悪くなったりすること。
06 (明)鏡止水 めい きょうしすい	よこしまな心がなく落ち着いて澄みきっている状態。 他例「鏡」「止」が出題されることもある。
07 驚天(動)地 きょうてん どう ち	世間をあっと言わせるほど驚かすこと。 他例「天」「地」が出題されることもある。
08 縦(横)無尽 じゅう おう むじん	自由自在であること。思う存分。 他例「縦」が出題されることもある。
09 異(口)同音 い く どうおん	皆が口をそろえて同じことを言うこと。意見が一致すること。 他例「異」が出題されることもある。
10 本末(転)倒 ほんまつ てん とう	大事なことを忘れてつまらないささいなことにこだわること。 他例「本」「末」が出題されることもある。

読み

同音同訓異字

漢字の識別

熟語の構成

部首

対義語・類義語

送り仮名

四字熟語

誤字訂正

書き取り

四字熟語 ③

次の四字熟語の（　）のカタカナを漢字に直し、一字記せ。

□ 01　時（ セツ ）到来

□ 02　故事来（ レキ ）

□ 03　人跡（ ミ ）踏

□ 04　適（ ザイ ）適所

□ 05　一挙両（ トク ）

□ 06　奇想天（ ガイ ）

□ 07　論旨（ メイ ）快

□ 08　単（ トウ ）直入

□ 09　美辞麗（ ク ）

□ 10　是（ ヒ ）善悪

一番よくでるよ！

でる度 ★★★ ★★ ★

読み　同音・同訓異字　漢字の識別　熟語の構成　部首　対義語・類義語　送り仮名　四字熟語　誤字訂正　書き取り

解答　　**解説**

01 時（節）到来 — よい機会がやってくること。

02 故事来（歴） — 昔から伝えられた事物についての起源やいわれ。また、その歴史。

03 人跡（未）踏 — 人が足を踏み入れたことがないこと。

04 適（材）適所 — 人を能力や特性に適した任務につけること。
［他例］「所」が出題されることもある。

05 一挙両（得） — 一つのことをして、同時に二つの利益を得ること。一石二鳥。
［他例］「挙」が出題されることもある。

06 奇想天（外） — 思いもよらない変わったこと。また、そのさま。
［他例］「想」「天」が出題されることもある。

07 論旨（明）快 — 議論や論文の筋道がはっきり通っていて分かりやすいさま。
［他例］「論」「快」が出題されることもある。

08 単（刀）直入 — 文章や話で、前置きを抜きにして直接本題に入ること。
［他例］「単」が出題されることもある。

09 美辞麗（句） — たくみに飾って表現しただけの中身のない言葉・句。
［他例］「美」「辞」が出題されることもある。

10 是（非）善悪 — 物事のよいことと悪いこと。

次の各文にまちがって使われている同じ読みの漢字が一字ある。左に誤字を、右に正しい漢字を記せ。

□ 01 医療保険の制度改格を試みたが、法案反対活動により成立しなかった。

誤（　　）⇒ 正（　　）

□ 02 市街地の開発計画が順調に進んでいるか、予定を覚認して連絡してください。

誤（　　）⇒ 正（　　）

□ 03 山積みの仮題を解決しなければ経済を活性化することはできない。

誤（　　）⇒ 正（　　）

□ 04 間近に迫った試験に備え、万全の対作を立てて勉強する。

誤（　　）⇒ 正（　　）

□ 05 大学の授業の一環として、在宅介護の仕援活動を行う。

誤（　　）⇒ 正（　　）

□ 06 公民館に点示された書き初め大会の入賞作品を親子で見に行く。

誤（　　）⇒ 正（　　）

□ 07 生まれて初めて隣国を訪れ、各地の名所旧跡を巡って歓光した。

誤（　　）⇒ 正（　　）

□ 08 昨晩は遅くまで起きていたため、今日は眠くて仕事の能律が上がらない。

誤（　　）⇒ 正（　　）

一番
よくでるよ！

でる度 ★★★
★★
★

読み

同音同訓異字

漢字の識別

熟語の構成

部首

対義語・類義語

送り仮名

四字熟語

誤字訂正

書き取り

解答

	誤		正
01	(格)	⇒	(革)

解説

改革=従来の制度などを改めてよりよいものにすること。

02 (覚) ⇒ (確)

確認=はっきり認めること。

03 (仮) ⇒ (課)

課題=解決しなくてはならない問題・事柄。

04 (作) ⇒ (策)

対策=相手の言動や物事の成り行きに応じてとる手段・方法。

05 (仕) ⇒ (支)

支援=力を貸して助けること。援助。

06 (点) ⇒ (展)

展示=品物・作品・資料などを並べて一般の人に見せること。

07 (歓) ⇒ (観)

観光=よその土地の風景・風俗などを見物して楽しむこと。

08 (律) ⇒ (率)

能率=一定の時間にできる仕事の割合。

次の各文にまちがって使われている同じ読みの漢字が
一字ある。左に誤字を、右に正しい漢字を記せ。

☐ 01 常に親の希待に添うことは子供にとって楽な
ことではない。
誤（　　）⇒ 正（　　）

☐ 02 彼は戦争の悲惨さを知り、いかに平和を獲特
し維持するかを思案した。
誤（　　）⇒ 正（　　）

☐ 03 日本は敗戦からの復興を果たし、世界有数の
経財大国に成長した。
誤（　　）⇒ 正（　　）

☐ 04 会場の舞台操置が想像以上に大がかりで、思
わず驚嘆した。
誤（　　）⇒ 正（　　）

☐ 05 通信技術の発達により、世界的基模での情報
のやりとりが可能になった。
誤（　　）⇒ 正（　　）

☐ 06 彼は幼いころから努力を重ね、世界を舞台に
活約する選手になった。
誤（　　）⇒ 正（　　）

☐ 07 海外からの観光客が殖えるよう政府主導で対
策を取るべきだ。
誤（　　）⇒ 正（　　）

☐ 08 構内の設備がすっかり改前され、昔よりも非
常に便利になった。
誤（　　）⇒ 正（　　）

解答

解説

誤 ⇒ 正

01 (希) ⇒ (期)

期待=望みをかけて待ち受けること。

02 (特) ⇒ (得)

獲得=苦労して物や権利を手に入れること。

03 (財) ⇒ (済)

経済=社会が生産活動を調整するシステム。

04 (操) ⇒ (装)

装置=機械・道具などを備えつけること。また、そのしかけ。

05 (基) ⇒ (規)

規模=物事全体のつくり・構え・仕組みなどの大きさ。

06 (約) ⇒ (躍)

活躍=盛んに活動すること。

07 (殖) ⇒ (増)

増える=同じものが加わることによって、全体の数量が多くなる。

08 (前) ⇒ (善)

改善=悪い点を改めてよくすること。

読み / 同音・同訓異字 / 漢字の識別 / 熟語の構成 / 部首 / 対義語・類義語 / 送り仮名 / 四字熟語 / 誤字訂正 / 書き取り

83

次の各文にまちがって使われている同じ読みの漢字が一字ある。左に誤字を、右に正しい漢字を記せ。

□ 01 台風の接近が報じられ、生徒が学校に来るのは危険だと範断する。

誤（ 　 ） ⇒ 正（ 　 ）

□ 02 文化的な偉産を継承していくことは我々後代の者の義務である。

誤（ 　 ） ⇒ 正（ 　 ）

□ 03 治安が悪い周辺地域の現状を踏まえ自宅の防犯接備を強化する。

誤（ 　 ） ⇒ 正（ 　 ）

□ 04 国際的な環境活動家がノーベル平和賞降補者として推せんされた。

誤（ 　 ） ⇒ 正（ 　 ）

□ 05 歴史的な首能会談を成功させ、両国の関係改善の動きが進展する。

誤（ 　 ） ⇒ 正（ 　 ）

□ 06 昨年リーグ優勝を果たしたチームが今年は最下位に低鳴している。

誤（ 　 ） ⇒ 正（ 　 ）

□ 07 明治維新で国家の発展のために尽くした功積をたたえて銅像がつくられた。

誤（ 　 ） ⇒ 正（ 　 ）

□ 08 投下された球は予即された地点を大幅にこえたところに落ちた。

誤（ 　 ） ⇒ 正（ 　 ）

解答

誤　　正
01 (範) ⇒ (判)

判断=ある事柄について考察し、自らの考えを決めること。

02 (偉) ⇒ (遺)

遺産=前代から残された業績。

03 (接) ⇒ (設)

設備=必要な道具・機械・建物などを備えること。また、備えたもの。

04 (降) ⇒ (候)

候補=ある選たくの対象としてあげられている人や物。

05 (能) ⇒ (脳)

首脳=団体・組織などの主だった人。

06 (鳴) ⇒ (迷)

低迷=よくない状態から抜け出せないでいること。

07 (積) ⇒ (績)

功績=手柄。意義のある大きな働き。

08 (即) ⇒ (測)

予測=前もって推測すること。またその内容。

読み

同音・同訓異字

漢字の識別

熟語の構成

部首

対義語・類義語

送り仮名

四字熟語

誤字訂正

書き取り

次の各文にまちがって使われている同じ読みの漢字が
一字ある。左に誤字を、右に正しい漢字を記せ。

□ 01 駅では弁当や飲み物のほか地域限定のお土産も販買している。

誤（ 　 ）⇒ 正（ 　 ）

□ 02 血液を彩取して調べたところ数値に異常があり、後日再検査となった。

誤（ 　 ）⇒ 正（ 　 ）

□ 03 冷蔵庫で食材の補存ができるようになり、家事の負担が軽減された。

誤（ 　 ）⇒ 正（ 　 ）

□ 04 駅前の介発が急速に進み、周辺の景観は一変した。

誤（ 　 ）⇒ 正（ 　 ）

□ 05 練習試合で負傷したが、早めの知療で回復に努め大会に出場する。

誤（ 　 ）⇒ 正（ 　 ）

□ 06 家電製品の普及にともなって、より快的な生活を送れるようになった。

誤（ 　 ）⇒ 正（ 　 ）

□ 07 プールで事故が起こらないようしっかり監止する必要がある。

誤（ 　 ）⇒ 正（ 　 ）

□ 08 ヨーロッパでは酸性雨による被外が深刻な社会問題となっている。

誤（ 　 ）⇒ 正（ 　 ）

読み

同音・同訓異字

漢字の識別

熟語の構成

部首

対義語・類義語

送り仮名

四字熟語

誤字訂正

書き取り

解答
誤　　　正

解説

01 （買）⇒（売）
はんばい
販売＝商品を売ること。

02 （彩）⇒（採）
さいしゅ
採取＝調査・研究などのために、血液・指紋などをとること。

03 （補）⇒（保）
ほぞん
保存＝そのままの状態を保って、とっておくこと。

04 （介）⇒（開）
かいはつ
開発＝山野を切り開くなどして、生活や産業に役立てること。

05 （知）⇒（治）
ちりょう
治療＝病気やけがをなおすための手当てをすること。

06 （的）⇒（適）
かいてき
快適＝心と体によく適していて気持ちのよいさま。

07 （止）⇒（視）
かんし
監視＝警戒して見張ること。

08 （外）⇒（害）
ひがい
被害＝損害や危害を受けること。

次の各文にまちがって使われている同じ読みの漢字が一字ある。左に誤字を、右に正しい漢字を記せ。

□ 01 両親の教育方信から、幼少期から武道を学び厳しくしつけられた。

誤（　）⇒ 正（　）

□ 02 満点を目指すため、試験時間が終わるまで慎調に何度も見直しをした。

誤（　）⇒ 正（　）

□ 03 事件の背計を論じた書物が発売となり大きな話題を呼んだ。

誤（　）⇒ 正（　）

□ 04 紅茶は上流階級の楽しみだったがやがて一版市民にも普及した。

誤（　）⇒ 正（　）

□ 05 昨日からの大雪で道路状況が悪化し、不燃物の回集に手間どる。

誤（　）⇒ 正（　）

□ 06 当代屈指の職人によって大きな壁画が描かれ、権力者の威盛を示した。

誤（　）⇒ 正（　）

□ 07 前の車と折近しすぎて、危うく交通事故を引き起こすところだった。

誤（　）⇒ 正（　）

□ 08 中世ヨーロッパの各都市の人口の推違について研究し、発表する。

誤（　）⇒ 正（　）

一番
よくでるよ！

でる度 ★★★
★★
★

読み

同音・同訓異字

漢字の識別

熟語の構成

部首

対義語・類義語

送り仮名

四字熟語

誤字訂正

書き取り

解答

解説

誤 **正**

01 (信) ⇒ (針)　方針=めざす方向。

02 (調) ⇒ (重)　慎重=十分に考え注意深く物事をするさま。

03 (計) ⇒ (景)　背景=物事のまわりの事情。

04 (版) ⇒ (般)　一般=広く全体に共通して認められ、行き渡っていること。

05 (集) ⇒ (収)　回収=配った物や使った物を集めもどすこと。

06 (盛) ⇒ (勢)　威勢=人をおそれ従わせる勢い。

07 (折) ⇒ (接)　接近=近寄ること。近づくこと。

08 (違) ⇒ (移)　推移=移り変わること。

次の──線のカタカナを漢字に直せ。

□ **01** 山頂で**シンセン**な空気を吸う。　（　　　　）

□ **02** うるさくて**アンミン**できない。　（　　　　）

□ **03** データから行動を**スイソク**する。（　　　　）

□ **04** 大会の**メンミツ**な計画を立てる。（　　　　）

□ **05** 会議の**モヨウ**をウェブ配信する。（　　　　）

□ **06** **ウラニワ**でハーブを育てる。　（　　　　）

□ **07** 計量カップの**メモ**りを読む。　（　　　　）

□ **08** **セオヨ**ぎが得意だ。　（　　　　）

□ **09** **キビ**しい寒さに身を縮ませる。　（　　　　）

□ **10** 冬の**ナミキ**通りを二人で歩く。　（　　　　）

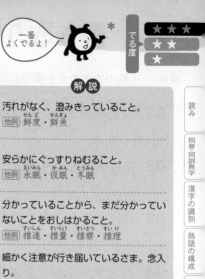

解答 / 解説

01 (新鮮)

汚れがなく、澄みきっていること。
他例 鮮度・鮮魚

02 (安眠)

安らかにぐっすりねむること。
他例 永眠・仮眠・冬眠

03 (推測)

分かっていることから、まだ分かっていないことをおしはかること。
他例 推進・推量・推察・推理

04 (綿密)

細かく注意が行き届いているさま。念入り。
他例 過密・秘密・密接・密閉

05 (模様)

ありさま。ようす。状況。
他例 模写・規模・模型

06 (裏庭)

敷地内で、建物の裏側にある庭。

07 (目盛)

目盛り＝分量を示すためにつけたしるし。

08 (背泳)

背泳ぎ＝あお向けで、両手を交互に頭上にのばして水をかき、ばた足で泳ぐ泳法。

09 (厳)

厳しい＝程度がはなはだしいさま。

10 (並木)

道に沿って、並べて植えてある木。

読み

同音同訓異字

漢字の識別

熟語の構成

部首

対義語・類義語

送り仮名

四字熟語

誤字訂正

書き取り

次の——線のカタカナを漢字に直せ。

□ **01** 授業時間を<u>タンシュク</u>する。 （　　　　）

□ **02** <u>キョダイ</u>なビルを見上げる。 （　　　　）

□ **03** はげしい<u>ライウ</u>で停電が起きた。（　　　　）

□ **04** <u>コンヤク</u>指輪を手渡す。 （　　　　）

□ **05** 政局が<u>コンメイ</u>の度を増す。 （　　　　）

□ **06** <u>ネビ</u>きした商品を買い込む。 （　　　　）

□ **07** 調査は<u>テサグ</u>りの状態が続いた。（　　　　）

□ **08** <u>スジガ</u>きどおりに敵を追い込む。（　　　　）

□ **09** 彼には<u>スグ</u>れた資質がある。 （　　　　）

□ **10** 首にタオルを<u>マ</u>いて作業する。 （　　　　）

一番
よくでるよ！

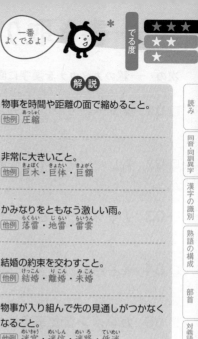

でる度 ★★★
★★
★

解答 | 解説

01 (短縮)
物事を時間や距離の面で縮めること。
他例 圧縮

02 (巨大)
非常に大きいこと。
他例 巨木・巨体・巨額

03 (雷雨)
かみなりをともなう激しい雨。
他例 落雷・地雷・雷雲

04 (婚約)
結婚の約束を交わすこと。
他例 結婚・離婚・未婚

05 (混迷)
物事が入り組んで先の見通しがつかなくなること。
他例 迷宮・迷信・迷路・低迷

06 (値引)
値引き＝値段を定価より安くして売ること。

07 (手探)
手探り＝はっきりした見通しや方針が立たなくて、勘などを頼りに行動すること。

08 (筋書)
筋書き＝前もって仕組んだ計画。

09 (優)
優れる＝他より勝る。

10 (巻)
巻く＝中心になるもののまわりにからみつける。

読み | 同音・同訓異字 | 漢字の識別 | 熟語の構成 | 部首 | 対義語・類義語 | 送り仮名 | 四字熟語 | 誤字訂正 | 書き取り

次の──線のカタカナを漢字に直せ。

□ 01 提案への<u>サンピ</u>が分かれる。 （　　　　）

□ 02 美しい<u>シキサイ</u>の絵画を飾る。 （　　　　）

□ 03 <u>ゲキジョウ</u>に観客が集まる。 （　　　　）

□ 04 著名画家の<u>テンラン</u>会を開く。 （　　　　）

□ 05 <u>カンベン</u>な食事で済ませる。 （　　　　）

□ 06 感動して<u>メガシラ</u>が熱くなった。（　　　　）

□ 07 コップに冷たい麦茶を<u>ソソ</u>ぐ。 （　　　　）

□ 08 妹は<u>アマクチ</u>のカレーが好物だ。（　　　　）

□ 09 祖父母を<u>マネ</u>いて食事会を開く。（　　　　）

□ 10 振動で家具が<u>コキザ</u>みにゆれる。（　　　　）

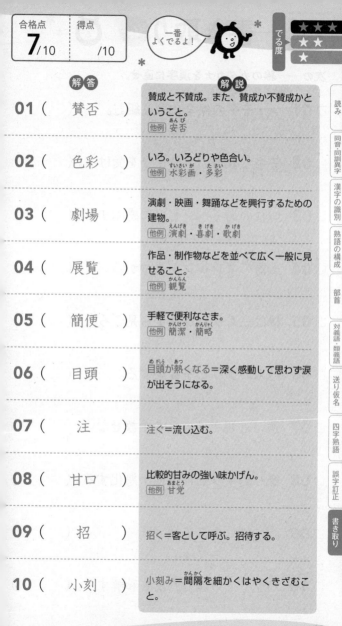

読み ｜ 同音・同訓異字 ｜ 漢字の識別 ｜ 熟語の構成 ｜ 部首 ｜ 対義語・類義語 ｜ 送り仮名 ｜ 四字熟語 ｜ 誤字訂正 ｜ 書き取り

解答 ・ 解説

01 (賛否)
賛成と不賛成。また、賛成か不賛成かということ。
[他例] 安否（あんぴ）

02 (色彩)
いろ。いろどりや色合い。
[他例] 水彩画（すいさいが）・多彩（たさい）

03 (劇場)
演劇・映画・舞踊などを興行するための建物。
[他例] 演劇（えんげき）・喜劇（きげき）・歌劇（かげき）

04 (展覧)
作品・制作物などを並べて広く一般に見せること。
[他例] 観覧（かんらん）

05 (簡便)
手軽で便利なさま。
[他例] 簡潔（かんけつ）・簡略（かんりゃく）

06 (目頭)
目頭（めがしら）が熱（あつ）くなる＝深く感動して思わず涙が出そうになる。

07 (注)
注ぐ＝流し込む。

08 (甘口)
比較的甘みの強い味かげん。
[他例] 甘党（あまとう）

09 (招)
招く＝客として呼ぶ。招待する。

10 (小刻)
小刻（こきざ）み＝間隔（かんかく）を細かくはやくきざむこと。

次の──線のカタカナを漢字に直せ。

□ 01 ジュモクの保全に取り組む。　（　　　　　）

□ 02 苦手な教科のホシュウを受ける。（　　　　　）

□ 03 切れのあるベンゼツに感心する。（　　　　　）

□ 04 土器のダンペンが見つかる。　（　　　　　）

□ 05 桜は三月ゲジュンから見ごろだ。（　　　　　）

□ 06 せみのダッピを観察する。　（　　　　　）

□ 07 強い近視でメガネを手放せない。（　　　　　）

□ 08 繰り返すタビに事態が悪化する。（　　　　　）

□ 09 心に深いキズを負う。　（　　　　　）

□ 10 ハゲしく口論した友と和解する。（　　　　　）

一番
よくでるよ！

でる度 ★★★
★★
★

読み

同音・同訓異字

漢字の識別

熟語の構成

部首

対義語・類義語

送り仮名

四字熟語

誤字訂正

書き取り

解答

解説

01 (樹木)

木。たち木。
他例 樹立・植樹

02 (補習)

学習の不足を補う時間外授業。
他例 補修・補足・補強

03 (弁舌)

物の言い方や話しぶり。
他例 毒舌

04 (断片)

きれはし。きれぎれになった一つ。
他例 破片・紙片

05 (下旬)

月末の十日間。
他例 上旬・中旬・初旬

06 (脱皮)

こん虫などが、成長のため古くなった外皮をぬぎ捨てること。
他例 脱出・脱落

07 (眼鏡)

レンズや色ガラスを用いた、視力の調整や目を保護するための器具。

08 (度)

その時ごと。

09 (傷)

精神的な苦痛。心の痛手。

10 (激)

激しい＝勢いがたいへん強い。荒々しい。

次の——線のカタカナを漢字に直せ。

□ 01 絵具で影のノウタンをつける。 （　　　　　）

□ 02 高級ホテルにシュクハクする。 （　　　　　）

□ 03 銀行の役員にシュウニンする。 （　　　　　）

□ 04 パソコンのソウサは得意だ。 （　　　　　）

□ 05 感情が顔に出るショウブンだ。 （　　　　　）

□ 06 聞きしにマサる腕前だ。 （　　　　　）

□ 07 キヌイトの製造過程を見学する。（　　　　　）

□ 08 これは事実にモトづいた物語だ。（　　　　　）

□ 09 新しい命をサズかる。 （　　　　　）

□ 10 バスはオオハバに遅れて到着した。（　　　　　）

読み

同音・同訓異字

漢字の識別

熟語の構成

部首

対義語・類義語

送り仮名

四字熟語

誤字訂正

書き取り

解答　　　　　　解説

01 (濃淡)
色や味などがこいことと、うすいこと。
他例 濃度・濃密・濃霧

02 (宿泊)
自宅以外の所にとまること。
他例 外泊・停泊

03 (就任)
任務に就くこと。
他例 就航

04 (操作)
機械などを操って動かすこと。
他例 操縦

05 (性分)
生まれつき持っている性質。
他例 根性・気性

06 (勝)
勝る＝他と比べて上等である。程度が上である。優れる。
他例 身勝手

07 (絹糸)
蚕のまゆからとった糸。

08 (基)
基づく＝よりどころとする。もとにする。

09 (授)
授かる＝神仏などから、すばらしいものをいただく。授けられる。

10 (大幅)
数量・価格などの変動の開きが大きいこと。

次の——線のカタカナを漢字に直せ。

□ 01 彼にはヒボンな才能がある。 （　　　　）

□ 02 妹のカンビョウをする。 （　　　　）

□ 03 神社のケイダイで子供が遊ぶ。 （　　　　）

□ 04 仲直りの印にアクシュをする。 （　　　　）

□ 05 同じエンセンに住む友人と帰る。（　　　　）

□ 06 人生のカドデを祝福する。 （　　　　）

□ 07 生糸をとるためカイコを育てる。（　　　　）

□ 08 宝石をムナモトに飾る。 （　　　　）

□ 09 カリの店舗を設ける。 （　　　　）

□ 10 両者の見解がコトなっていた。 （　　　　）

解答　　　　　　　　　　　　　　　**解説**

01 (非凡)
普通より特にすぐれていること。
他例 平凡・凡人

02 (看病)
病人の世話をすること。
他例 看板

03 (境内)
神社や寺の敷地の中。

04 (握手)
互いに手をにぎり合うこと。
他例 握力

05 (沿線)
鉄道線路に沿った所・地帯。
他例 沿岸・沿道

06 (門出)
新しい生活を始めること。

07 (蚕)
カイコガの幼虫。このまゆから絹糸をつくる。

08 (胸元)
胸の辺り。胸先。

09 (仮)
一時の間に合わせ。

10 (異)
異なる＝二つ以上のものの間に違いがある。

読み ／ 同音・同訓異字 ／ 漢字の識別 ／ 熟語の構成 ／ 部首 ／ 対義語・類義語 ／ 送り仮名 ／ 四字熟語 ／ 誤字訂正 ／ 書き取り

次の——線のカタカナを漢字に直せ。

□ **01** キバツなデザインの服を着る。　（　　　　　）

□ **02** 自転車で日本をジュウダンする。（　　　　　）

□ **03** 信号無視をするのはキケンだ。　（　　　　　）

□ **04** ここは遊泳禁止クイキです。　　（　　　　　）

□ **05** フクザツな問題に直面する。　　（　　　　　）

□ **06** ねらいを定めて矢をイた。　　　（　　　　　）

□ **07** 新人が職場環境にナれてきた。　（　　　　　）

□ **08** 見ワタす限りの銀世界だ。　　　（　　　　　）

□ **09** 新しいシューズがホしい。　　　（　　　　　）

□ **10** 私をノゾいて三人です。　　　　（　　　　　）

一番よくでるよ！

でる度 ★★★ ★★ ★

解答

解説

読み / 同音・同訓異字 / 漢字の識別 / 熟語の構成 / 部首 / 対義語・類義語 / 送り仮名 / 四字熟語 / 誤字訂正 / 書き取り

01 (奇抜)

極めて風変わりで、人の意表をつくこと。
他例 奇跡・好奇心

02 (縦断)

縦または、南北に通り抜けること。
他例 操縦・縦横・縦隊

03 (危険)

危ないこと。また、危ないさま。
他例 危害

04 (区域)

区切りをつけて設けた一定の範囲・地域。
他例 領域・地域

05 (複雑)

事柄が入り組んでいるさま。

06 (射)

射る＝矢を放つ。

07 (慣)

慣れる＝何度も経験して、特別なことと感じなくなる。

08 (渡)

見渡す＝遠くまで広くながめる。広い範囲にわたって見る。

09 (欲)

欲しい＝自分の物にしたい。手に入れたい。

10 (除)

除く＝加えない。別にする。

次の——線の漢字の読みをひらがなで記せ。

□ 01 事態打開に精鋭部隊を投入する。(　　　　　)

□ 02 致命的なミスが発覚する。　　　(　　　　　)

□ 03 この機械の耐用年数は十年だ。　(　　　　　)

□ 04 連絡網で運動会の延期を伝える。(　　　　　)

□ 05 弟と握力の強さを比べる。　　　(　　　　　)

□ 06 鉄分の含有量を調べる。　　　　(　　　　　)

□ 07 謡曲の調べに合わせて舞う。　　(　　　　　)

□ 08 淡雪が辺り一面を白くしている。(　　　　　)

□ 09 父の戒めを固く守っている。　　(　　　　　)

□ 10 危険を冒して子供を救い出す。　(　　　　　)

これも
ねらわれる！

*

でる度 ★★★
★★
★

読み

同音同訓異字

漢字の識別

熟語の構成

部首

対義語・類義語

送り仮名

四字熟語

誤字訂正

書き取り

解答

01 (せいえい)

02 (ちめい)

03 (たいよう)

04 (れんらくもう)

05 (あくりょく)

06 (がんゆう)

07 (ようきょく)

08 (あわゆき)

09 (いまし)

10 (おか)

解説

01 鋭い力や気力に満ちあふれているさま。
他例 鋭利・鋭敏・鋭角

02 致命的＝取りかえしがつかないほど重大なさま。
他例 筆致・招致・極致

03 機械などが長期間の使用に耐えて役立つこと。
他例 耐久・耐寒・耐熱・耐震

04 情報伝達のために、個人・団体で準備しておく連絡手段。
他例 脈絡

05 物を握りしめる力。
他例 握手

06 成分・内容として中に含んでいること。
他例 含蓄

07 能楽の詞章。また、それをうたうこと。
他例 民謡・歌謡・童謡

08 薄く降り積もったとけやすい雪。

09 戒め＝教えさとすこと。また、その言葉。

10 冒す＝（ある目的のために）じゃまになるものを乗り越えていく。押し切る。

*

次の――線の漢字の読みをひらがなで記せ。

□ 01 この料理は淡泊な味だ。　　　　　（　　　　　）

□ 02 病人を急いで病院に搬送する。　（　　　　　）

□ 03 彼の自慢話にはうんざりだ。　　（　　　　　）

□ 04 路傍に一軒の茶屋がある。　　　（　　　　　）

□ 05 悲しい話に思わず落涙した。　　（　　　　　）

□ 06 完膚なきまでに打ちのめされる。（　　　　　）

□ 07 奇妙な音に驚き周囲を見回す。　（　　　　　）

□ 08 国内の景勝地を巡る。　　　　　（　　　　　）

□ 09 高熱で苦しくて脂汗をかいた。　（　　　　　）

□ 10 他には決して劣ることはない。　（　　　　　）

これも
ねらわれる！

解答 / 解説

01 (たんぱく)
味・色などがしつこくなく、あっさりしているさま。
他例 濃淡・枯淡・淡水

02 (はんそう)
荷物などを運び送ること。
他例 搬出・搬入・運搬

03 (じまん)
自分や自分に関係することを、他人に誇らしげに言ったり示したりすること。
他例 慢心・慢性・高慢

04 (ろぼう)
道端。路辺。
他例 傍観・傍線・傍証・傍受

05 (らくるい)
涙を流すこと。
他例 感涙

06 (かんぷ)
完膚なきまでに＝無傷の部分がないほどに。ひどく。
他例 皮膚

07 (きみょう)
常識では考えられない不思議なこと。
他例 奇抜・奇異・奇襲・奇跡

08 (めぐ)
巡る＝あちこちと順々にまわり歩く。

09 (あぶらあせ)
からだの悪い時や苦しい時に出るねばねばした汗。

10 (おと)
劣る＝値打ち・力・数などが他におよばない。

読み ❸

次の──線の漢字の読みをひらがなで記せ。

□ 01 エックス線透視検査を受ける。 （　　　　　）

□ 02 あまりの惨状に目をそむける。 （　　　　　）

□ 03 違法行為を厳しく取りしまる。 （　　　　　）

□ 04 問題意識が希薄な新人をしかる。（　　　　　）

□ 05 自らの人生の汚点をくいる。 （　　　　　）

□ 06 色彩豊かな絵に見とれた。 （　　　　　）

□ 07 剣豪を主人公にした小説を読む。（　　　　　）

□ 08 鋭い指摘にたじたじになる。 （　　　　　）

□ 09 暦の上ではもう春です。 （　　　　　）

□ 10 暇を見つけては映画館に行く。 （　　　　　）

解答 / 解説

01 (とうし)
物の中や向こう側をすかして見ること。
他例 浸透

02 (さんじょう)
むごたらしいありさま。いたましいありさま。
他例 悲惨・惨事

03 (いほう)
法律にそむくこと。
他例 相違・違反・違約

04 (きはく)
物事に対する熱意や意欲がとぼしいこと。

05 (おてん)
不名誉な事柄。
他例 汚濁・汚名・汚水

06 (しきさい)
いろどり。
他例 異彩・多彩

07 (けんごう)
剣術の達人。
他例 豪快・文豪・豪勢・豪雨

08 (するど)
鋭い＝優れていて的確である。

09 (こよみ)
一年間の月日・祝祭日などを日を追って記したもの。カレンダー。

10 (ひま)
手の空いている時間。

次の――線の漢字の読みをひらがなで記せ。

□ 01 銀行襲撃犯が指名手配される。（　　　）

□ 02 与党の失政を激しく追及する。（　　　）

□ 03 大会の進行が遅延する。（　　　）

□ 04 ゲレンデの斜面をすべり降りる。（　　　）

□ 05 相手の動きに即座に対応する。（　　　）

□ 06 家紋の由来を祖父に尋ねる。（　　　）

□ 07 海外遠征で大きく成長した。（　　　）

□ 08 非難の矛先を向ける。（　　　）

□ 09 明日の二時、お宅に伺います。（　　　）

□ 10 黙って何かを考え込んでいる。（　　　）

解答	解説	
01 (しゅうげき)	不意に襲うこと。 他例 襲来・襲名・踏襲・逆襲	読み
02 (よとう)	政権を担当している政党。 他例 授与・寄与	同音・同訓異字
03 (ちえん)	予定よりも期日・時間が遅れたり、長引いたりすること。	漢字の識別
04 (しゃめん)	水平面に対して、斜めになっている平面。 他例 傾斜・斜線	熟語の構成
05 (そくざ)	その場ですぐ。 他例 即応・即席・即決	部首
06 (かもん)	家々によって決められたその家の紋章。 他例 波紋・指紋・紋所	対義語・類義語
07 (えんせい)	試合・登山・探検などのために、遠くまで行くこと。 他例 征服	送り仮名
08 (ほこさき)	攻撃の方向。また、攻撃の勢い。	四字熟語
09 (うかが)	伺う＝「行く」「訪ねる」をへりくだって言う語。	誤字訂正
10 (だま)	黙る＝何も言わずにいる。	書き取り

でる度 ★★★

次の——線の漢字の読みをひらがなで記せ。

□ **01** 公共投資の波及効果を予測する。（　　　）

□ **02** うなぎの養殖で有名だ。　　　（　　　）

□ **03** 新年の抱負を述べる。　　　　（　　　）

□ **04** 音楽に非凡な才能を見せる。　（　　　）

□ **05** このシャツは男女兼用です。　（　　　）

□ **06** 友人に間違いを指摘された。　（　　　）

□ **07** 少年時代の暑い夏休みを追憶する。（　　　）

□ **08** 思わぬ展開に手に汗を握る。　（　　　）

□ **09** 紅茶を召し上がってください。（　　　）

□ **10** 米粒一つも残さず食べる。　　（　　　）

解答 | 解説

読み

01 (はきゅう)

物事の影響が広がり伝わっていくこと。
他例 普及・追及・言及

同音同訓異字

02 (ようしょく)

水産物を人工的に養いふやすこと。
他例 繁殖・増殖・殖産

漢字の識別

03 (ほうふ)

心中に持っている計画・志望。
他例 介抱

熟語の構成

04 (ひぼん)

平凡でなく、優れているさま。ずばぬけているさま。
他例 平凡・凡人

部首

05 (けんよう)

一つのものを二つ以上の目的に用いること。
他例 兼務・兼任

対義語・類義語

06 (してき)

特に取り上げ具体的に指し示すこと。
他例 摘出・摘発

送り仮名

07 (ついおく)

過去のことや死んだ人のことを思い出してなつかしむこと。
他例 憶測・記憶

四字熟語

08 (にぎ)

手に汗を握る=見たり聞いたりして、興奮したり緊張したりする。

誤字訂正

09 (め)

召し上がる=「食べる」「飲む」の尊敬語。

書き取り

10 (こめつぶ)

米の一つ一つの粒。

次の——線の漢字の読みをひらがなで記せ。

□ 01 首尾よく事態を収拾する。 （　　　　）

□ 02 生徒のやる気を鼓舞する。 （　　　　）

□ 03 甘言でたくみに相手をさそう。 （　　　　）

□ 04 信頼する医師に執刀してもらう。（　　　　）

□ 05 干拓によって農地を広げる。 （　　　　）

□ 06 何かよい知恵はないものか。 （　　　　）

□ 07 新郎新婦を祝して乾杯する。 （　　　　）

□ 08 人事を尽くして天命を待つ。 （　　　　）

□ 09 百貨店の開業で商店街が寂れる。（　　　　）

□ 10 あまりの暑さに氷がすぐ溶ける。（　　　　）

合格点	得点
7/10	/10

これも
ねらわれる！

でる度
★★★
★★
★

解答 / 解説

01 (しゅび)

首尾よく＝都合よく。うまい具合に。
他例 尾翼・尾根

02 (こぶ)

（つづみを打って舞を舞うことの意から）
人をはげまし勢いづけること。
他例 鼓動

03 (かんげん)

相手の心を引きつけるための、口先だけ
のうまい言葉。
他例 甘受・甘味

04 (しっとう)

手術などのためにメスを執ること。手術
などをすること。
他例 執筆・執念

05 (かんたく)

遠浅の海や湖に堤防や水門を設けて水を
外に流し、陸地や田畑にすること。
他例 開拓

06 (ちえ)

物事を考え、判断し、処理する能力。
他例 恩恵

07 (かんぱい)

あることを祝って、互いにさかずきをさ
しあげて酒を飲み干すこと。
他例 乾燥・乾物

08 (つ)

人事を尽くして天命を待つ＝人間として
できるだけの努力をし、あとの結果は運
命にまかせる。

09 (さび)

寂れる＝にぎやかで盛んだったものがお
とろえる。

10 (と)

溶ける＝熱などによって固体が液体にな
る。

読み

同音・同訓異字

漢字の識別

熟語の構成

部首

対義語・類義語

送り仮名

四字熟語

誤字訂正

書き取り

次の――線の漢字の読みをひらがなで記せ。

□ 01 隠然たる勢力が立ちふさがる。 （　　　　）

□ 02 地味ながら堅実な生活を営む。 （　　　　）

□ 03 ほっとして吐息をもらす。 （　　　　）

□ 04 マスコットの愛称を決める。 （　　　　）

□ 05 会社の成功を祈念する。 （　　　　）

□ 06 騒音に安眠をさまたげられる。 （　　　　）

□ 07 冒険話に子供たちは大騒ぎした。（　　　　）

□ 08 彼は何か含むところがあるようだ。（　　　　）

□ 09 小鳥のさえずりに耳を澄ます。 （　　　　）

□ 10 何か月ぶりかで恵みの雨が降った。（　　　　）

これも
ねらわれる！

てる度 ★★★
★★
★

解答 | 解説

01 (いんぜん)
表立っていないが、実質的な力や重みを持っているさま。
他例 隠居（いんきょ）

02 (けんじつ)
手堅く確かなさま。しっかりとして危なげのないさま。
他例 堅持（けんじ）

03 (といき)
大きな息。ため息。
他例 吐露（とろ）

04 (あいしょう)
正式な名前とは別に、親しい気持ちをこめて呼ぶ名前。ニックネーム。
他例 称賛（しょうさん）・通称（つうしょう）

05 (きねん)
神や仏に心から祈ること。
他例 祈願（きがん）

06 (あんみん)
ぐっすり、よく眠ること。
他例 休眠（きゅうみん）・仮眠（かみん）・永眠（えいみん）

07 (ぼうけん)
危険をおかして行うこと。
他例 冒頭（ぼうとう）

08 (ふく)
含む＝うらみや不満などを口に出さないで心の中に持つ。

09 (す)
澄ます＝雑念を払って感覚を集中する。

10 (めぐ)
恵（めぐ）みの雨（あめ）＝草木をうるおす雨。

読み

同音・同訓異字

漢字の識別

熟語の構成

部首

対義語・類義語

送り仮名

四字熟語

誤字訂正

書き取り

次の――線の漢字の読みをひらがなで記せ。

□ 01 偉人たちの伝記を読みあさる。 （ 　　　　 ）

□ 02 強盗犯が逃走を図る。 （ 　　　　 ）

□ 03 スポーツ中継を観戦する。 （ 　　　　 ）

□ 04 樹脂を流し込み型を取る。 （ 　　　　 ）

□ 05 動きが激しいのは過渡期だからだ。（ 　　　　 ）

□ 06 御殿と呼ぶにふさわしい屋敷だ。（ 　　　　 ）

□ 07 彼の活躍に触発され努力する。 （ 　　　　 ）

□ 08 木陰で一休みする。 （ 　　　　 ）

□ 09 花見の公園で敷物を広げる。 （ 　　　　 ）

□ 10 雨が降り出しそうな鉛色の空。 （ 　　　　 ）

解答　　　　　　　　解説

01 (いじん)
りっぱな仕事をした人。偉大な人。
他例 偉容・偉業・偉大

02 (とうそう)
逃げ去ること。
他例 逃避・逃亡

03 (ちゅうけい)
中間で受け継ぎ、他に渡すこと。
他例 継続・継承

04 (じゅし)
木からにじみ出るねばねばした液。
他例 脂肪

05 (かとき)
ある状況から新しい状態へ、また未成熟から成熟へと変わる途中の時期。
他例 渡航

06 (ごてん)
非常にりっぱでぜいたくな家。
他例 制御

07 (しょくはつ)
何かの刺激により、ある感情などを起こすこと。
他例 抵触・感触・接触・触手

08 (こかげ)
木の下で、日光や雨のあたらない所。

09 (しきもの)
座ったり寝たりするとき、下に敷くもの。

10 (なまりいろ)
鉛の色に似た、淡いねずみ色。

読み / 同音・同訓異字 / 漢字の識別 / 熟語の構成 / 部首 / 対義語・類義語 / 送り仮名 / 四字熟語 / 誤字訂正 / 書き取り

次の──線の漢字の読みをひらがなで記せ。

□ 01 交通事故の目撃者を探す。 （ 　 　 ）

□ 02 濃霧注意報が発令された。 （ 　 　 ）

□ 03 せまい車道を慎重に運転する。 （ 　 　 ）

□ 04 長時間にわたり尋問を受けた。 （ 　 　 ）

□ 05 事実を誇張して述べる。 （ 　 　 ）

□ 06 政治の腐敗に検察のメスが入る。（ 　 　 ）

□ 07 人間は食物連鎖の頂点にいる。 （ 　 　 ）

□ 08 そこが君の偉いところだ。 （ 　 　 ）

□ 09 子供たちの寝息が聞こえてくる。 （ 　 　 ）

□ 10 突然眠気が襲う。 （ 　 　 ）

合格点 | 得点
7/10 | /10

これも
ねらわれる！

でる度
★★★
★★
★

解答	解説
01 (もくげき)	実際にその場に居合わせて見ること。 他例 砲撃・襲撃・一撃
02 (のうむ)	濃く深い霧。 他例 煙霧
03 (しんちょう)	十分に考え、注意深く物事をするさま。
04 (じんもん)	（裁判官・警察官などが）取り調べのために口頭で問いただすこと。 他例 尋常
05 (こちょう)	実際より大げさに言ったりしたりすること。 他例 誇大・誇示
06 (ふはい)	精神が誠実さを失い、道義が低下すること。 他例 腐食
07 (れんさ)	くさりのようにつらなること。また、そのつながり。 他例 閉鎖
08 (えら)	偉い＝人柄や行為が立派だ。
09 (ねいき)	眠っていてする呼吸。
10 (おそ)	襲う＝はげしい勢いで不意に押し寄せる。

読み

同音・同訓異字

漢字の識別

熟語の構成

部首

対義語・類義語

送り仮名

四字熟語

誤字訂正

書き取り

次の――線のカタカナにあてはまる漢字をそれぞれの
ア〜オから一つ選び、記号を記せ。

□ **01** 当初の計画を突然変**コウ**する。 （　　）

□ **02** **コウ**久的平和を目指し活動する。 （　　）

□ **03** 部族間の**コウ**争が激化する。 （　　）

（ア 攻　イ 更　ウ 恒　エ 孝　オ 抗）

□ **04** **ケイ**斜がきつい坂に苦労する。 （　　）

□ **05** 伝統を**ケイ**承し発展させる。 （　　）

□ **06** 親の愛情の恩**ケイ**を受ける。 （　　）

（ア 傾　イ 恵　ウ 形　エ 経　オ 継）

□ **07** 荷物を車に積み**コ**む。 （　　）

□ **08** 定食屋の**コ**い味付けに閉口する。 （　　）

□ **09** 豊作を願って畑を丹念に**コ**やす。 （　　）

（ア 肥　イ 込　ウ 混　エ 濃　オ 越）

解答 / 解説

01 （ イ ）

変更＝決まったものを変え改めること。
[他例] 更新・更衣・更互

02 （ ウ ）

恒久＝いつまでも変わらず続くこと。
[他例] 恒例・恒星

03 （ オ ）

抗争＝対抗して争うこと。
[他例] 対抗・抵抗・抗体・抗議

04 （ ア ）

傾斜＝傾いて斜めになること。また、その度合い。
[他例] 傾倒・傾向

05 （ オ ）

継承＝地位・財産・権利・義務などを受け継ぐこと。
[他例] 継続・後継

06 （ イ ）

恩恵＝幸福や利益と結び付く恵み。

07 （ イ ）

積み込む＝積んで中に入れる。

08 （ エ ）

濃い＝色や味の度合いが強い。

09 （ ア ）

肥やす＝土地に肥料を与えて、作物がよくできるようにする。

読み

同音・同訓異字

漢字の識別

熟語の構成

部首

対義語・類義語

送り仮名

四字熟語

誤字訂正

書き取り

*

次の——線のカタカナにあてはまる漢字をそれぞれの
ア～オから一つ選び、記号を記せ。

□ **01** ヒ写体との距離を調整する。　　（　　）

□ **02** 連日の残業でヒ労がたまる。　　（　　）

□ **03** 暑さ寒さもヒ岸まで。　　　　　（　　）

（ア 飛　イ 比　ウ 疲　エ 彼　オ 被）

□ **04** 衣類を洗って乾ソウ機に入れる。　（　　）

□ **05** 高ソウとして知られる住職。　　（　　）

□ **06** あまりの暴言にソウ然となる。　（　　）

（ア 燥　イ 騒　ウ 創　エ 僧　オ 想）

□ **07** 寒さがはだをサすようだ。　　　（　　）

□ **08** 混雑した通勤時間帯をサける。　（　　）

□ **09** 磁針が北をサす。　　　　　　　（　　）

（ア 指　イ 刺　ウ 避　エ 差　オ 咲）

解答 **解説**

読み

同音・同訓異字

漢字の識別

熟語の構成

部首

対義語・類義語

送り仮名

四字熟語

誤字訂正

書き取り

01 （ オ ）
被写体＝写真にうつされるもの。
［他例］被害・被災・被告・被服

02 （ ウ ）
疲労＝疲れること。くたびれること。

03 （ エ ）
彼岸＝春分・秋分の日を中日とする各七日間。

04 （ ア ）
乾燥＝水分がなくなり乾くこと。また、乾かすこと。

05 （ エ ）
高僧＝知徳の優れた僧。
［他例］僧衣・老僧・僧門

06 （ イ ）
騒然＝がやがやと騒がしいさま。
［他例］物騒・騒音・騒動・騒乱

07 （ イ ）
刺す＝目・鼻・皮膚などの感覚器官を強く刺激する。

08 （ ウ ）
避ける＝時をずらす。かち合わないようにする。

09 （ ア ）
指す＝方向を示す。ゆびさす。

次の——線のカタカナにあてはまる漢字をそれぞれの
ア～オから一つ選び、記号を記せ。

□ **01** カイ目見当がつかない難題だ。　　（　　）

□ **02** 老いた母のカイ護をする。　　　　（　　）

□ **03** 要人来日に厳カイ体勢で臨む。　　（　　）

（ア 改　イ 戒　ウ 皆　エ 快　オ 介）

□ **04** 液体に物質をヨウ解させ調べる。　（　　）

□ **05** 能のヨウ曲の調べに耳を傾ける。　（　　）

□ **06** 趣味で伝統舞ヨウを習っている。　（　　）

（ア 溶　イ 踊　ウ 洋　エ 様　オ 謡）

□ **07** 輸入物の珍しい布にフれる。　　　（　　）

□ **08** 招いた客に料理の腕をフるう。　　（　　）

□ **09** 選考にあたって実績をフまえる。　（　　）

（ア 踏　イ 殖　ウ 吹　エ 触　オ 振）

解答 解説

01 （ ウ ）

皆目＝全く。まるきり。
[他例] 皆無・皆勤・皆納

02 （ オ ）

介護＝病人や老齢で身体の不自由な人などの看護や世話をすること。
[他例] 介入・紹介・介助・介抱

03 （ イ ）

厳戒＝きびしく警戒すること。
[他例] 警戒・戒律・訓戒

04 （ ア ）

溶解＝溶かすこと。
[他例] 溶岩・溶液・溶接

05 （ オ ）

謡曲＝能楽の詞章。また、それをうたうこと。
[他例] 童謡・歌謡

06 （ イ ）

舞踊＝踊り。舞。

07 （ エ ）

触れる＝物の表面に軽くさわる。

08 （ オ ）

腕を振るう＝持っている力や気力を十分に示す。

09 （ ア ）

踏まえる＝ある考え方や事実をよりどころにする。

読み

同音・同訓異字

漢字の識別

熟語の構成

部首

対義語・類義語

送り仮名

四字熟語

誤字訂正

書き取り

三つの□に共通する漢字を入れて熟語を作れ。漢字は
1～5、6～10それぞれ右の□□から一つ選び、記号を記せ。

□ **01** 傾□・□陽・□面 （　　）

□ **02** □法師・投□・遺□（　　）

□ **03** □度・□血・生□ （　　）

□ **04** □側・額□・□談 （　　）

□ **05** □根・□行・追□ （　　）

ア 向
イ 斜
ウ 痛
エ 筆
オ 鮮
カ 温
キ 縁
ク 影
ケ 尾
コ 骨

□ **06** 寝□・起□・□下 （　　）

□ **07** □雨・□鳴・落□ （　　）

□ **08** □線・□観・路□ （　　）

□ **09** 優□・□勢・□悪 （　　）

□ **10** □力・□圧・□儀 （　　）

ア 傍
イ 具
ウ 悲
エ 劣
オ 景
カ 床
キ 秀
ク 風
ケ 雷
コ 威

解答・解説

01 (イ)

傾斜=傾いて斜めになること。
斜陽=入り日。夕日。
斜面=水平面に対して斜めになっている平面。

他例　斜線

02 (ク)

影法師=地面や壁などにうつった人の影。
投影=物の上に姿・影を映すこと。
遺影=死んだ人の写真やしょう像画。

他例　影響
陰影
人影

03 (オ)

鮮度=野菜・魚・肉などの新鮮さの度合い。
鮮血=体から出たばかりの真っ赤な血。
生鮮=野菜・魚・肉などが生きのいいこと。

他例　新鮮
鮮烈
鮮明

04 (キ)

縁側=日本家屋で座敷の外側に設けた板敷き。
額縁=書画などをはめて飾るためのわく。
縁談=縁組の相談。特に、結婚話。

他例　縁故
無縁
絶縁

05 (ケ)

尾根=山の頂と頂とをつなぐ峰づたいの所。
尾行=そっと人の後をつけること。
追尾=あとをつけて行くこと。追跡。

他例　尾翼
首尾
末尾

06 (カ)

寝床=寝るための床。寝るための場所。
起床=寝床から起き出すこと。
床下=床の下。縁の下。

他例　床板
河床

07 (ケ)

雷雨=雷をともなって降る雨。
雷鳴=雷の鳴る音。
落雷=雷が落ちること。

他例　地雷
遠雷
避雷針

08 (ア)

傍線=たて書きの文字や文章のわきに引いた線。
傍観=関係のない様子でわきから見ること。
路傍=道端。路辺。

他例　傍受

09 (エ)

優劣=勝ることと劣ること。
劣勢=勢いや形勢が他より劣っていること。
劣悪=ひどく劣っていて悪いさま。

他例　劣等感

10 (コ)

威力=人を圧倒する強い力。
威圧=威力などで相手をおさえつけること。
威儀=重々しくいかめしい容姿やふるまい。

他例　権威
威厳
猛威

読み

同音・同訓異字

漢字の識別

熟語の構成

部首

対義語・類義語

送り仮名

四字熟語

誤字訂正

書き取り

三つの□に共通する漢字を入れて熟語を作れ。漢字は
1〜5、6〜10それぞれ右の□□から一つ選び、記号を記せ。

□ 01 □来・周□・殺□　（　　）

□ 02 貯□・備□・含□　（　　）

□ 03 □争・反□・□議　（　　）

□ 04 波□・□章・家□　（　　）

□ 05 □定・印□・□賞　（　　）

ア 抗
イ 到
ウ 金
エ 鑑
オ 撃
カ 紋
キ 蓄
ク 授
ケ 会
コ 有

□ 06 相□・□反・□和感（　　）

□ 07 記□・連□・満□　（　　）

□ 08 □致・□限・積□的（　　）

□ 09 一□・□時・□発力（　　）

□ 10 □細・機□・□生物（　　）

ア 合
イ 極
ウ 載
エ 公
オ 微
カ 械
キ 久
ク 遠
ケ 暇
コ 暇

解答・解説

01 （イ）
到来＝時節・時機がやってくること。
周到＝用意や準備に手抜かりのない様子。
殺到＝多くの人や物が一時に押し寄せること。
他例 到着・到達・到底

02 （キ）
貯蓄＝金銭などを蓄えること。
備蓄＝万一に備えて蓄えておくこと。
含蓄＝内容が豊かで含みをもつこと。
他例 蓄積・蓄財

03 （ア）
抗争＝対抗して争うこと。
反抗＝はむかうこと。
抗議＝反対の意見・要求を申し立てること。
他例 抵抗・対抗・抗体

04 （カ）
波紋＝水面に輪になり広がる波の模様。
紋章＝家または団体を表す図柄。
家紋＝家々によって決められたその家の紋章。
他例 指紋・紋様

05 （エ）
鑑定＝物のよしあし・価値を見極めること。
印鑑＝判。はんこ。
鑑賞＝芸術作品などを味わうこと。
他例 鑑識・図鑑

06 （ケ）
相違＝二つのものの間にちがいがあること。
違反＝法規・協定などにそむくこと。
違和感＝しっくりしない感じ。
他例 違憲・違約

07 （ウ）
記載＝書類・書物などに書いてのせること。
連載＝続き物として続けてのせること。
満載＝人や荷物をいっぱいにのせること。
他例 積載

08 （イ）
極致＝物事のこれより上がないというところ。
極限＝物事のいきつくぎりぎりのところ。限界。
積極的＝物事に対し進んで働きかけるさま。
他例 極秘・至極・極端

09 （コ）
一瞬＝極めてわずかな時間。
瞬時＝ほんのわずかな時間。瞬間。
瞬発力＝瞬間的に作動する筋肉の力。
他例 瞬間

10 （オ）
微細＝極めて細かいさま。ごくわずかなさま。
機微＝表面に現れない、微妙な心の動き。
微生物＝肉眼では見えない小さな生物の総称。
他例 微妙・微動・微粒子

熟語の構成のしかたには次のようなものがある。

> ア 同じような意味の漢字を重ねたもの（**身体**）
> イ 反対または対応の意味を表す字を重ねたもの（**軽重**）
> ウ 上の字が下の字を修飾しているもの（**会員**）
> エ 下の字が上の字の目的語・補語になっているもの（**着火**）
> オ 上の字が下の字の意味を打ち消しているもの（**非常**）

次の熟語は、上のどれにあたるか、記号で記せ。

□ 01 堅固 （　　　　）

□ 02 攻守 （　　　　）

□ 03 仰天 （　　　　）

□ 04 甘言 （　　　　）

□ 05 無恥 （　　　　）

□ 06 越境 （　　　　）

□ 07 経緯 （　　　　）

□ 08 拍手 （　　　　）

□ 09 乾燥 （　　　　）

□ 10 珍事 （　　　　）

合格点 | 得点
7/10 | /10

これもねらわれる！

よく考えてみよう！

読み

同音・同訓異字

漢字の識別

熟語の構成

部首

対義語・類義語

送り仮名

四字熟語

誤字訂正

書き取り

解答 | **解説**

01 （ ア ） | 堅固 どちらも「かたい」の意味。

02 （ イ ） | 攻守 「攻める」←→「守る」と考える。

03 （ エ ） | 仰天 「仰ぐ←天を」と考える。

04 （ ウ ） | 甘言 「甘い→言葉」と考える。

05 （ オ ） | 無恥 「恥と思わない」と考える。

06 （ エ ） | 越境 「越える←境を」と考える。

07 （ イ ） | 経緯 「たて糸」←→「よこ糸」と考える。

08 （ エ ） | 拍手 「うつ←手を」と考える。

09 （ ア ） | 乾燥 どちらも「かわく」の意味。

10 （ ウ ） | 珍事 「珍しい→事」と考える。

熟語の構成のしかたには次のようなものがある。

> ア 同じような意味の漢字を重ねたもの（**身体**）
> イ 反対または対応の意味を表す字を重ねたもの（**軽重**）
> ウ 上の字が下の字を修飾しているもの（**会員**）
> エ 下の字が上の字の目的語・補語になっているもの（**着火**）
> オ 上の字が下の字の意味を打ち消しているもの（**非常**）

次の熟語は、上のどれにあたるか、記号で記せ。

☐ 01 鋭敏 （　　　　）

☐ 02 陰陽 （　　　　）

☐ 03 光輝 （　　　　）

☐ 04 噴火 （　　　　）

☐ 05 首尾 （　　　　）

☐ 06 店舗 （　　　　）

☐ 07 不備 （　　　　）

☐ 08 瞬間 （　　　　）

☐ 09 劣悪 （　　　　）

☐ 10 就寝 （　　　　）

これも
ねらわれる！

でる度 ★★★
★★
★

よく考えて
みよう！

読み

同音・同訓異字

漢字の識別

熟語の構成

部首

対義語・類義語

送り仮名

四字熟語

誤字訂正

書き取り

解答 **解説**

01 （ ア ）　鋭敏（えいびん）　どちらも「するどい」の意味。

02 （ イ ）　陰陽（いんよう）　「かげ」⟷「ひなた」と考える。

03 （ ア ）　光輝（こうき）　どちらも「かがやく」の意味。

04 （ エ ）　噴火（ふんか）　「噴く←火を」と考える。

05 （ イ ）　首尾（しゅび）　「始め」⟷「終わり」と考える。

06 （ ア ）　店舗（てんぽ）　どちらも「みせ」の意味。

07 （ オ ）　不備（ふび）　「備わっていない」と考える。

08 （ ウ ）　瞬間（しゅんかん）　「またたく→間」と考える。

09 （ ア ）　劣悪（れつあく）　どちらも「わるい」の意味。

10 （ エ ）　就寝（しゅうしん）　「就く←寝床に」と考える。

熟語の構成のしかたには次のようなものがある。

ア 同じような意味の漢字を重ねたもの（**身体**）
イ 反対または対応の意味を表す字を重ねたもの（**軽重**）
ウ 上の字が下の字を修飾しているもの（**会員**）
エ 下の字が上の字の目的語・補語になっているもの（**着火**）
オ 上の字が下の字の意味を打ち消しているもの（**非常**）

次の熟語は、上のどれにあたるか、記号で記せ。

□ 01 乾杯 （　　　）

□ 02 離合 （　　　）

□ 03 未踏 （　　　）

□ 04 師弟 （　　　）

□ 05 干満 （　　　）

□ 06 恩恵 （　　　）

□ 07 砂丘 （　　　）

□ 08 追跡 （　　　）

□ 09 舞踊 （　　　）

□ 10 遠征 （　　　）

よく考えて
みよう！

解答	解説
01 （ エ ）	乾杯 「飲みほす ← 杯を」と考える。
02 （ イ ）	離合 「離れる」↔「集まる」と考える。
03 （ オ ）	未踏 「まだ踏み入れない」と考える。
04 （ イ ）	師弟 「先生」↔「生徒」と考える。
05 （ イ ）	干満 「干潮」↔「満潮」と考える。
06 （ ア ）	恩恵 どちらも「めぐみ」の意味。
07 （ ウ ）	砂丘 「砂の → 丘」と考える。
08 （ エ ）	追跡 「追う ← 跡を」と考える。
09 （ ア ）	舞踊 どちらも「おどる」の意味。
10 （ ウ ）	遠征 「遠くへ → 行く」と考える。

読み
同音同訓異字
漢字の識別
熟語の構成
部首
対義語・類義語
送り仮名
四字熟語
誤字訂正
書き取り

137

熟語の構成のしかたには次のようなものがある。

> ア 同じような意味の漢字を重ねたもの（**身体**）
> イ 反対または対応の意味を表す字を重ねたもの（**軽重**）
> ウ 上の字が下の字を修飾しているもの（**会員**）
> エ 下の字が上の字の目的語・補語になっているもの（**着火**）
> オ 上の字が下の字の意味を打ち消しているもの（**非常**）

次の熟語は、上のどれにあたるか、記号で記せ。

□ 01 優劣 （　　　　）

□ 02 詳細 （　　　　）

□ 03 弾力 （　　　　）

□ 04 巡回 （　　　　）

□ 05 屈指 （　　　　）

□ 06 寝台 （　　　　）

□ 07 未到 （　　　　）

□ 08 遅速 （　　　　）

□ 09 絶縁 （　　　　）

□ 10 出荷 （　　　　）

合格点	得点
7/10	/10

これも
ねらわれる！

でる度 ★★★ ★★ ★

読み | 同音・同訓異字 | 漢字の識別 | 熟語の構成 | 部首 | 対義語・類義語 | 送り仮名 | 四字熟語 | 誤字訂正 | 書き取り

よく考えて
みよう！

解答 / 解説

01 （ イ ） 優劣　「優れる」←→「劣る」と考える。

02 （ ア ） 詳細　どちらも「こまかい」の意味。

03 （ ウ ） 弾力　「はずむ→力」と考える。

04 （ ア ） 巡回　どちらも「めぐる」の意味。

05 （ エ ） 屈指　「折り曲げる←指を」と考える。

06 （ ウ ） 寝台　「寝る→台」と考える。

07 （ オ ） 未到　「まだ到達しない」と考える。

08 （ イ ） 遅速　「遅い」←→「速い」と考える。

09 （ エ ） 絶縁　「絶つ←縁を」と考える。

10 （ エ ） 出荷　「出す←荷を」と考える。

熟語の構成のしかたには次のようなものがある。

> ア 同じような意味の漢字を重ねたもの（**身体**）
> イ 反対または対応の意味を表す字を重ねたもの（**軽重**）
> ウ 上の字が下の字を修飾しているもの（**会員**）
> エ 下の字が上の字の目的語・補語になっているもの（**着火**）
> オ 上の字が下の字の意味を打ち消しているもの（**非常**）

次の熟語は、上のどれにあたるか、記号で記せ。

- □ **01** 捕球 （　　　）
- □ **02** 不意 （　　　）
- □ **03** 未完 （　　　）
- □ **04** 微量 （　　　）
- □ **05** 需給 （　　　）
- □ **06** 樹齢 （　　　）
- □ **07** 歓喜 （　　　）
- □ **08** 攻防 （　　　）
- □ **09** 離脱 （　　　）
- □ **10** 配慮 （　　　）

よく考えてみよう！

解答 / 解説

01 （ エ ） 捕球（ほきゅう） 「捕る ← 球を」と考える。

02 （ オ ） 不意（ふい） 「意識していない」と考える。

03 （ オ ） 未完（みかん） 「まだ完成していない」と考える。

04 （ ウ ） 微量（びりょう） 「わずかな → 量」と考える。

05 （ イ ） 需給（じゅきゅう） 「需要」 ←→ 「供給」と考える。

06 （ ウ ） 樹齢（じゅれい） 「樹木の → 年齢」と考える。

07 （ ア ） 歓喜（かんき） どちらも「よろこぶ」の意味。

08 （ イ ） 攻防（こうぼう） 「攻める」 ←→ 「防ぐ」と考える。

09 （ ア ） 離脱（りだつ） どちらも「ぬける」の意味。

10 （ エ ） 配慮（はいりょ） 「配る ← 思いを」と考える。

次の漢字の部首をア～エから一つ選び、記号を記せ。

□ 01 煮 （ア 土 イ ノ ウ 灬 エ 日） （　　）

□ 02 盾 （ア ノ イ 目 ウ 厂 エ 十） （　　）

□ 03 獲 （ア 犭 イ 艹 ウ 隹 エ 又） （　　）

□ 04 盤 （ア 舟 イ 殳 ウ 又 エ 皿） （　　）

□ 05 秀 （ア ノ イ 禾 ウ 木 エ 十） （　　）

□ 06 堅 （ア 臣 イ 又 ウ エ エ 土） （　　）

□ 07 載 （ア 土 イ 車 ウ 弋 エ 戈） （　　）

□ 08 暦 （ア 一 イ 厂 ウ 木 エ 日） （　　）

□ 09 敷 （ア 十 イ 田 ウ 攵 エ 方） （　　）

□ 10 離 （ア 亠 イ 冂 ウ 亻 エ 隹） （　　）

読み

同音同訓異字

漢字の識別

熟語の構成

部首

対義語・類義語

送り仮名

四字熟語

誤字訂正

書き取り

合格点
7/10

得点
/10

これも
ねらわれる！

でる度 ★★★
★★
★

解答　　　　　**解説**

01 （　ウ　）　れんが・れっか
他例 為・烈・熱・照・然

02 （　イ　）　め
他例 看・省・県・真・相

03 （　ア　）　けものへん
他例 狂・狭・狩・猛・独

04 （　エ　）　さら
他例 監・盆・盛・盟・益

05 （　イ　）　のぎ
他例 出題範囲では、秀のみ。

06 （　エ　）　つち
他例 執・壁・垂・圧・基

07 （　イ　）　くるま
他例 輝・軍・車

08 （　エ　）　ひ
他例 旨・旬・是・曇・普

09 （　ウ　）　のぶん・ぼくづくり
他例 攻・敷・故・政・整

10 （　エ　）　ふるとり
他例 雄・難・雑・集

部首 ②

でる度 ★★★

次の漢字の部首をア～エから一つ選び、記号を記せ。

□ 01 響 (ア 幺 イ 阝 ウ 立 エ 音) （　　）

□ 02 盗 (ア 冫 イ 欠 ウ 皿 エ 一) （　　）

□ 03 含 (ア ノ イ 𠆢 ウ 一 エ 口) （　　）

□ 04 奇 (ア 大 イ 一 ウ 口 エ 亅) （　　）

□ 05 街 (ア 土 イ 士 ウ 行 エ 工) （　　）

□ 06 微 (ア 彳 イ 山 ウ 儿 エ 攵) （　　）

□ 07 雅 (ア 二 イ ノ ウ 隹 エ 丶) （　　）

□ 08 斜 (ア 𠆢 イ 示 ウ 十 エ 斗) （　　）

□ 09 珍 (ア 王 イ 𠆢 ウ ノ エ 彡) （　　）

□ 10 戒 (ア 一 イ 廾 ウ 戈 エ ノ) （　　）

144

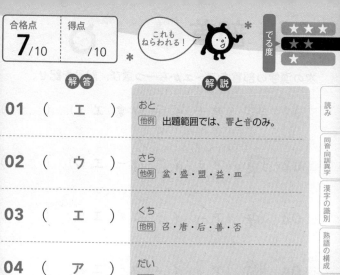

解答　　　　　　　　　解説

01 （ エ ）
おと
他例 出題範囲では、響と音のみ。

02 （ ウ ）
さら
他例 盆・盛・盟・益・皿

03 （ エ ）
くち
他例 召・唐・后・善・否

04 （ ア ）
だい
他例 奥・奏・奮・失・夫

05 （ ウ ）
ぎょうがまえ・ゆきがまえ
他例 出題範囲では、街と衛と術のみ。

06 （ ア ）
ぎょうにんべん
他例 御・征・彼・徴・従

07 （ ウ ）
ふるとり
他例 雄・難・雑・集

08 （ エ ）
とます
他例 出題範囲では、斜と料のみ。

09 （ ア ）
おうへん・たまへん
他例 班・現・球・理

10 （ ウ ）
ほこづくり・ほこがまえ
他例 戯・我・成・戦

読み

同音・同訓異字

漢字の識別

熟語の構成

部首

対義語・類義語

送り仮名

四字熟語

誤字訂正

書き取り

次の漢字の部首をア〜エから一つ選び、記号を記せ。

□01 隷 （ア 士 イ 示 ウ 隶 エ ｜）（ 　 ）

□02 環 （ア 王 イ 罒 ウ 一 エ 口）（ 　 ）

□03 疲 （ア 亠 イ ニ ウ 疒 エ 皮）（ 　 ）

□04 瞬 （ア 目 イ ノ ウ 冖 エ 舛）（ 　 ）

□05 至 （ア 一 イ ム ウ 土 エ 至）（ 　 ）

□06 衛 （ア イ イ 彳 ウ 口 エ 行）（ 　 ）

□07 輩 （ア 非 イ ニ ウ 田 エ 車）（ 　 ）

□08 雌 （ア 止 イ ヒ ウ イ エ 隹）（ 　 ）

□09 項 （ア 工 イ 一 ウ 頁 エ ハ）（ 　 ）

□10 髪 （ア 長 イ 彡 ウ 髟 エ 又）（ 　 ）

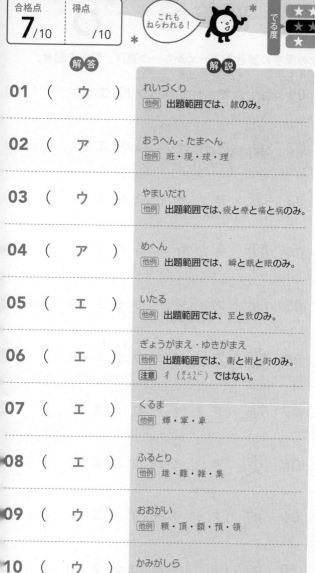

解答 **解説**

01 （ **ウ** ） れいづくり
他例 出題範囲では、隶のみ。

02 （ **ア** ） おうへん・たまへん
他例 班・現・球・理

03 （ **ウ** ） やまいだれ
他例 出題範囲では、疲と療と痛と病のみ。

04 （ **ア** ） めへん
他例 出題範囲では、瞬と眠と眼のみ。

05 （ **エ** ） いたる
他例 出題範囲では、至と致のみ。

06 （ **エ** ） ぎょうがまえ・ゆきがまえ
他例 出題範囲では、衛と術と街のみ。
注意 イ（ぎょうにんべん）ではない。

07 （ **エ** ） くるま
他例 輝・軍・車

08 （ **エ** ） ふるとり
他例 雄・難・雑・集

09 （ **ウ** ） おおがい
他例 頼・頂・額・預・領

10 （ **ウ** ） かみがしら
他例 出題範囲では、髪のみ。

読み

同音・同訓異字

漢字の識別

熟語の構成

部首

対義語・類義語

送り仮名

四字熟語

誤字訂正

書き取り

147

次の漢字の部首をア～エから一つ選び、記号を記せ。

□ **01** 需 (ア 一 イ 而 ウ 冂 エ 雨) （　　）

□ **02** 麗 (ア 一 イ 广 ウ 鹿 エ 比) （　　）

□ **03** 噴 (ア 口 イ 十 ウ 貝 エ ハ) （　　）

□ **04** 勧 (ア 二 イ 隹 ウ 力 エ ノ) （　　）

□ **05** 床 (ア 一 イ 广 ウ 十 エ 木) （　　）

□ **06** 柔 (ア 木 イ 十 ウ 矛 エ ハ) （　　）

□ **07** 殖 (ア 歹 イ タ ウ 十 エ 目) （　　）

□ **08** 更 (ア 一 イ 日 ウ ノ エ 人) （　　）

□ **09** 敏 (ア 田 イ 毋 ウ ノ エ 攵) （　　）

□ **10** 箇 (ア 竹 イ 口 ウ 十 エ 口) （　　）

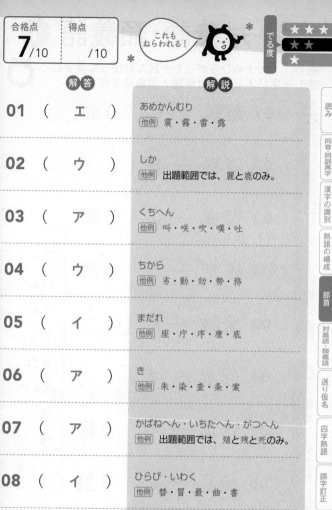

解答　　　　　　**解説**

01 （ エ ）
あめかんむり
他例 震・霧・雷・露

02 （ ウ ）
しか
他例 出題範囲では、麗と鹿のみ。

03 （ ア ）
くちへん
他例 叫・咲・吹・嘆・吐

04 （ ウ ）
ちから
他例 劣・勤・効・勢・務

05 （ イ ）
まだれ
他例 座・庁・序・康・底

06 （ ア ）
き
他例 朱・染・査・条・案

07 （ ア ）
かばねへん・いちたへん・がつへん
他例 出題範囲では、殖と残と死のみ。

08 （ イ ）
ひらび・いわく
他例 替・冒・最・曲・書

09 （ エ ）
のぶん・ぼくづくり
他例 敵・救・改・散・敗

10 （ ア ）
たけかんむり
他例 範・簡・筋・策・築

読み
同音・同訓異字
漢字の識別
熟語の構成
部首
対義語・類義語
送り仮名
四字熟語
誤字訂正
書き取り

右の□□の中のひらがなを一度だけ使って漢字に直し一字記入して、対義語・類義語を作れ。

対義語

□ 01 離脱 ― （　　）加

□ 02 破壊 ― 建（　　）

□ 03 警戒 ― （　　）断

□ 04 逃走 ― （　　）跡

□ 05 繁雑 ― 簡（　　）

類義語

□ 06 巨木 ― 大（　　）

□ 07 修理 ― （　　）修

□ 08 根底 ― （　　）盤

□ 09 永遠 ― 恒（　　）

□ 10 地道 ― （　　）実

き
きゅう
けん
さん
じゅ
せつ
つい
ほ
ゆ
りゃく

解答 / **解説**

	読み

01 （参）加
離脱=所属している所から抜けること。
参加=仲間に加わりいっしょに行動すること。

02 建（設）
破壊=壊すこと。壊れること。
建設=建物・組織などを新しくつくりたてること。

03 （油）断
警戒=よくないことが起こらないように注意し用心すること。
油断=気を許して注意をおこたること。

04 （追）跡
逃走=逃げること。のがれること。
追跡=逃げる者のあとを追いかけること。[他例] 逃亡—追跡

05 簡（略）
繁雑=事柄が入り混じってわずらわしいこと。
簡略=手短で簡単なこと。

06 大（樹）
巨木=大きな木。大木。
大樹=大きな木。

07 （補）修
修理=壊れた所や悪い所を直すこと。
補修=足りない所を補ったり、壊れた所を修理したりすること。

08 （基）盤
根底=物事の大もと。
基盤=物事の土台となるもの。[他例] 土台—基盤

09 恒（久）
永遠=いつまでも果てしなく続くこと。
恒久=ある状態が永く変わらないこと。

10 （堅）実
地道=着実に物事を行うこと。
堅実=手堅く確実なこと。

読み / 同音・同訓異字 / 漢字の識別 / 熟語の構成 / 部首 / 対義語・類義語 / 送り仮名 / 四字熟語 / 誤字訂正 / 書き取り

右の□の中のひらがなを一度だけ使って漢字に直し一字記入して、対義語・類義語を作れ。

対義語

□ **01** 短縮 ―（　　　）長

□ **02** 兼業 ―（　　　）業

□ **03** 猛暑 ―（　　　）寒

□ **04** 需要 ― 供（　　　）

□ **05** 祖先 ― 子（　　　）

類義語

□ **06** 推量 ― 憶（　　　）

□ **07** 隷属 ― 服（　　　）

□ **08** 近隣 ― 周（　　　）

□ **09** 健闘 ―（　　　）戦

□ **10** 備蓄 ― 貯（　　　）

えん
きゅう
げん
じゅう
せん
ぜん
ぞう
そく
そん
へん

152

解答　　　解説

01 （延）長

短縮＝短くすること。縮めること。
延長＝時間や長さを延ばすこと。

02 （専）業

兼業＝本業のほかに別の仕事も行うこと。
専業＝専らその仕事に従事すること。

03 （厳）寒

猛暑＝はげしい暑さ。
厳寒＝厳しい寒さ。

04 供（給）

需要＝会社や人などが市場において商品を買おうとする欲求。
供給＝売るために商品を市場に出すこと。

05 子（孫）

祖先＝家系の初代や先代以前の人々。
子孫＝血筋をひいて後に生まれる人々。

06 憶（測）

推量＝推し量ること。思いやること。
憶測＝確かな根拠のない、いいかげんな推測。

07 服（従）

隷属＝他の支配を受けて言いなりになること。
服従＝他の意志や命令に従うこと。

08 周（辺）

近隣＝隣近所。近辺。
周辺＝周りの部分。ある物の近く。

09 （善）戦

健闘＝力いっぱいよくたたかうこと。
善戦＝強敵に対して全力を尽くしてよくたたかうこと。

10 貯（蔵）

備蓄＝万一に備えて蓄えておくこと。
貯蔵＝物を蓄えておくこと。

読み

同音・同訓異字

漢字の識別

熟語の構成

部首

対義語・類義語

送り仮名

四字熟語

誤字訂正

書き取り

右の□の中のひらがなを一度だけ使って漢字に直し一字記入して、対義語・類義語を作れ。

対義語

□ 01 病弱 ―（　　）夫

□ 02 返却 ―（　　）用

□ 03 例外 ― 原（　　）

□ 04 濁流 ―（　　）流

□ 05 悲嘆 ― 歓（　　）

類義語

□ 06 道端 ―（　　）傍

□ 07 可否 ―（　　）非

□ 08 風刺 ― 皮（　　）

□ 09 追憶 ― 回（　　）

□ 10 腕前 ― 技（　　）

き
しゃく
じょう
せい
ぜ
そう
にく
りょう
ろ

154

これも
ねらわれる！

＊

★★★
★★
★

でる度

解答

解説

01 （ 丈 ）夫

病弱＝からだが弱く病気がちであること。
丈夫＝健康に恵まれているさま。

02 （ 借 ）用

返却＝借りたものを持ち主に返すこと。
借用＝使うために借りること。借りて使うこと。

03 原（ 則 ）

例外＝通例にあてはまらないこと。
原則＝一般に適用される根本的な法則。

04 （ 清 ）流

濁流＝にごった水の流れ。
清流＝きれいな水の流れ。

05 歓（ 喜 ）

悲嘆＝悲しみ嘆くこと。
歓喜＝心の底から喜ぶこと。

06 （ 路 ）傍

道端＝道のわき。
路傍＝道端。路辺。

07 （ 是 ）非

可否＝事の良し悪し。できるかできないか。
是非＝良いこと（善いこと）と悪いこと。

08 皮（ 肉 ）

風刺＝人物や社会のあり方を遠回しに批判すること。
皮肉＝意地悪く遠回しに非難すること。

09 回（ 想 ）

追憶＝過去のことや死んだ人のことを思い出してなつかしむこと。
回想＝経験した過去を思い返すこと。

10 技（ 量 ）

腕前＝身につけた技術や能力。
技量＝物事を行ったり扱ったりする腕前。 他例 手腕＝技量

読み

同音・同訓異字

漢字の識別

熟語の構成

部首

対義語・類義語

送り仮名

四字熟語

誤字訂正

書き取り

＊

右の□の中のひらがなを一度だけ使って漢字に
直し一字記入して、対義語・類義語を作れ。

対義語

□ 01 損失 ― 利（　　　）

□ 02 却下 ― 受（　　　）

□ 03 甘言 ―（　　　）言

□ 04 消費 ―（　　　）蓄

□ 05 脱退 ― 加（　　　）

類義語

□ 06 近隣 ―（　　　）辺

□ 07 回想 ―（　　　）憶

□ 08 屈指 ― 抜（　　　）

□ 09 支度 ―（　　　）備

□ 10 失業 ― 失（　　　）

えき
く
ぐん
しゅう
じゅん
しょく
ちょ
つい
めい
り

読み

同音・同訓異字

漢字の識別

熟語の構成

部首

対義語・類義語

送り仮名

四字熟語

誤字訂正

書き取り

解答 / 解説

01 利（益）

損失＝利益・財産などを失うこと。
利益＝もうけ。利得。
他例 損害—利益

02 受（理）

却下＝官庁や裁判所などが、願い出など
を退けること。
受理＝届け出の書類を受けつけること。

03 （苦）言

甘言＝人の気に入るようなたくみな言
葉。
苦言＝本人のためを思い、いさめる言葉。

04 （貯）蓄

消費＝金品・時間・労力などを使ってな
くすこと。
貯蓄＝金銭をたくわえること。

05 加（盟）

脱退＝所属団体や組織などを辞めること。
加盟＝団体や組織などに加わること。
他例 離脱—加盟

06 （周）辺

近隣＝隣近所。近辺。
周辺＝周りの部分。ある物の近く。

07 （追）憶

回想＝経験した過去を思い返すこと。
追憶＝過去のことや死んだ人のことを思
い出してなつかしむこと。

08 抜（群）

屈指＝多くの中で数え上げるに値するほ
ど優れていること。
抜群＝ずば抜けて優れていること。

09 （準）備

支度＝とりかかる前に用意すること。
準備＝前もって支度すること。
他例 用意—準備

10 失（職）

失業＝職を失うこと。働く意思があるの
に仕事に就けない状態のこと。
失職＝それまでの職を無くすこと。

右の□□の中のひらがなを一度だけ使って漢字に
直し一字記入して、対義語・類義語を作れ。

対義語

□ 01 凶作 — （　　）作

□ 02 強固 — 薄（　　）

□ 03 劣悪 — 優（　　）

□ 04 一致 — （　　）違

□ 05 慎重 — （　　）率

類義語

□ 06 全快 — （　　）治

□ 07 普通 — 尋（　　）

□ 08 最初 — 冒（　　）

□ 09 運搬 — （　　）送

□ 10 健康 — 丈（　　）

けい
じゃく
じょう
そう
かん
とう
ぶ
ほう
ゆ
りょう

合格点
7/10

得点
/10

これも
ねらわれる！

でる度
★★★
★★
★

読み

同音同訓異字

漢字の識別

熟語の構成

部首

対義語・類義語

送り仮名

四字熟語

誤字訂正

書き取り

解答 ／ 解説

01 （ 豊 ）作
ほう さく

凶作＝作物のできが非常に悪いこと。
豊作＝作物がよく実り、多くとれること。

02 薄（ 弱 ）
はく じゃく

強固＝意志などが強くしっかりしている
さま。
薄弱＝意志などが弱々しいさま。

03 優（ 良 ）
ゆう りょう

劣悪＝品質などが劣っていて悪いさま。
優良＝品質・成績などが優れていてよい
こと。

04 （ 相 ）違
そう い

一致＝ぴったり合うこと。
相違＝比べ合わせて違いがあること。

05 （ 軽 ）率
けい そつ

慎重＝注意深くて軽々しく行動しないさ
ま。
軽率＝注意せずに事をするさま。

06 （ 完 ）治
かん ち

全快＝病気やけがの後、すっかり治るこ
と。
完治＝病気やけがが完全に治ること。

07 尋（ 常 ）
じん じょう

普通＝広く通用する状態のこと。
尋常＝とりたてて変わったところのない
さまのこと。

08 冒（ 頭 ）
ぼう とう

最初＝一番はじめ。
冒頭＝文章や談話のはじめの部分。

09 （ 輸 ）送
ゆ そう

運搬＝荷物などを運ぶこと。
輸送＝人や物を大量に運び送ること。

10 丈（ 夫 ）
じょう ぶ

健康＝心身の状態が正常で元気であるこ
と。
丈夫＝健康に恵まれているさま。

次の——線のカタカナを漢字一字と送り仮名（ひらがな）に直せ。

□ 01 彼女の真意を**タシカメル**。 （　　　　　）

□ 02 **ホシイ**ものを買ってあげよう。 （　　　　　）

□ 03 ひかえに**アマンジル**男ではない。（　　　　　）

□ 04 夜の十二時を**スギル**と眠くなる。（　　　　　）

□ 05 白熱した議論に冷水を**アビセル**。（　　　　　）

□ 06 近隣諸国と**マジワリ**を結ぶ。 （　　　　　）

□ 07 私を**フクメテ**三人姉妹です。 （　　　　　）

□ 08 台風が被害を**オヨボス**。 （　　　　　）

□ 09 委員会の末席に**ツラナル**。 （　　　　　）

□ 10 原告の訴えを**シリゾケル**。 （　　　　　）

解答

解説

01 (確かめる)

あいまいな点をはっきりさせる。念を押して確かどうか見届ける。

02 (欲しい)

自分のものにしたい。手に入れたい。

03 (甘んじる)

しかたがないと思ってがまんする。

04 (過ぎる)

ある時間を越える。経過する。

05 (浴びせる)

相手に集中的に非難・質問などの言葉をかける。

06 (交わり)

つきあい。交際。

07 (含めて)

含める＝ある範囲の中に入れて、いっしょに扱う。

08 (及ぼす)

ある作用・影響などが達するようにする。

09 (連なる)

加わる。仲間に入る。

10 (退ける)

願いや申し入れを断る。

読み

同音同訓異字

漢字の識別

熟語の構成

部首

対義語・類義語

送り仮名

四字熟語

誤字訂正

書き取り

次の——線のカタカナを漢字一字と送り仮名（ひらがな）に直せ。

□ **01** 学校に相談室を<u>モウケル</u>。 （　　　　）

□ **02** 将軍が大軍を<u>ヒキイル</u>。 （　　　　）

□ **03** 月の光が夜道を<u>テラス</u>。 （　　　　）

□ **04** <u>オドロイテ</u>目が覚めた。 （　　　　）

□ **05** 目上の相手を<u>ウヤマウ</u>。 （　　　　）

□ **06** 生活態度を<u>アラタメル</u>。 （　　　　）

□ **07** 親の影響で芸術家を<u>ココロザス</u>。（　　　　）

□ **08** 彼女は<u>ハゲシイ</u>気性の持ち主だ。（　　　　）

□ **09** 思いやりに<u>カケル</u>言動をする。 （　　　　）

□ **10** <u>ウシロメタイ</u>気持ちになる。 （　　　　）

解答 | 解説

01 (設ける)　組織・規則を作る。設置する。

02 (率いる)　上に立って行動などを指図する。統率する。

03 (照らす)　光を当てて、明るくする。

04 (驚いて)　驚く＝びっくりする。感嘆する。

05 (敬う)　相手を尊んで礼を尽くす。

06 (改める)　新しくよいものに変える。改善する。

07 (志す)　こうしようと目的・目標を目指して進む。

08 (激しい)　厳しい。強い。

09 (欠ける)　あるべきもの・必要なものが不足する。

10 (後ろめたい)　心にやましいところがあって、気がとがめる。

次の四字熟語の（　）のカタカナを漢字に直し、一字記せ。

□ 01 心機一（ テン ）

□ 02 （ フ ）言実行

□ 03 用意（ シュウ ）到

□ 04 注意（ サン ）漫

□ 05 名所（ キュウ ）跡

□ 06 力戦（ フン ）闘

□ 07 五（ リ ）霧中

□ 08 絶体絶（ メイ ）

□ 09 臨機（ オウ ）変

□ 10 針小（ ボウ ）大

これも
ねらわれる！

でる度 ★★★

解答 / 解説

01 心機一（転）

何かをきっかけとして気持ちが（よいほうに）すっかり変わること。
他例「心」「機」が出題されることもある。

02 （不）言実行

あれこれ言わずに黙ってするべきことをしっかり行うこと。
他例「言」「実」が出題されることもある。

03 用意（周）到

用意が十分に行き届いているさま。手抜かりのないさま。

04 注意（散）漫

注意力がなく、すぐに気の散るさま。

05 名所（旧）跡

景色のよい所や歴史的に知られた場所。

06 力戦（奮）闘

力を奮って戦うこと。

07 五（里）霧中

何の手がかりもなく、どうしてよいか見当のつかないこと。

08 絶体絶（命）

追いつめられ、どうにも逃れようのない立場・状態にあること。
他例「体」が出題されることもある。

09 臨機（応）変

その場に臨んで状況を判断し、その場の変化に応じて適切な手段をとること。
他例「臨」が出題されることもある。

10 針小（棒）大

小さなことを大げさに言うこと。
他例「針」が出題されることもある。

読み / 同音・同訓異字 / 漢字の識別 / 熟語の構成 / 部首 / 対義語・類義語 / 送り仮名 / 四字熟語 / 誤字訂正 / 書き取り

次の四字熟語の（ ）のカタカナを漢字に直し、一字記せ。

□01 一（ ボウ ）千里

□02 優柔不（ ダン ）

□03 （ リ ）害得失

□04 自（ キュウ ）自足

□05 （ ユウ ）名無実

□06 同床（ イ ）夢

□07 品（ コウ ）方正

□08 晴耕雨（ ドク ）

□09 （ デン ）光石火

□10 一心不（ ラン ）

166

解答 / 解説

読み

同音・同訓異字

漢字の識別

熟語の構成

部首

対義語・類義語

送り仮名

四字熟語

誤字訂正

書き取り

01 一(**望**)千里
いち ぼう せん り

一目ではるか遠くまで見渡せるさま。
他例 「里」が出題されることもある。

02 優柔不(**断**)
ゆうじゅう ふ だん

ぐずぐずして決断力にとぼしいこと。
他例 「優」が出題されることもある。

03 (**利**)害得失
り がいとくしつ

利益と損害。得ることと失うこと。
他例 「害」「得」が出題されることもある。

04 自(**給**)自足
じ きゅう じ そく

必要物資を自らの生産でまかなうこと。
他例 「足」が出題されることもある。

05 (**有**)名無実
ゆう めい む じつ

名ばかりで実質のともなわないこと。
他例 「実」が問われることもある。

06 同床(**異**)夢
どうしょう い む

同じ行動をとっていても、考え方や目的
が違うこと。
他例 「夢」が出題されることもある。

07 品(**行**)方正
ひん こう ほうせい

心や行いが正しく立派なこと。
他例 「品」が出題されることもある。

08 晴耕雨(**読**)
せいこう う どく

自由な環境・状況を楽しみながら生活を
すること。
他例 「晴」「耕」が出題されることもある。

09 (**電**)光石火
でん こうせっ か

極めて短い時間。また、すばやい動作。
他例 「光」「石」「火」が出題されること
もある。

10 一心不(**乱**)
いっしん ふ らん

一つのことに心を集中し、他のことで心
が乱れないこと。専心。

次の四字熟語の（ ）のカタカナを漢字に直し、一字記せ。

□ 01 危機一（ ^{パツ} ）

□ 02 悪戦苦（ ^{トウ} ）

□ 03 意志（ ^{ハク} ）弱

□ 04 一（ ^{バツ} ）百戒

□ 05 現状（ ^イ ）持

□ 06 （ ^{キン} ）科玉条

□ 07 熟（ ^{リョ} ）断行

□ 08 不（ ^{ミン} ）不休

□ 09 容姿（ ^{タン} ）麗

□ 10 好機（ ^{トウ} ）来

解答 | 解説

01 危機一(髪)
きき いっ ぱつ

きわどくて危険な状態。

---

02 悪戦苦(闘)
あく せん く とう

困難に打ち勝とうとする必死の努力。

---

03 意志(薄)弱
い し はく じゃく

心持ちが弱々しいさま。

---

04 一(罰)百戒
いち ばつ ひゃっかい

一人の罪を罰することで多くの人への戒めとすること。

---

05 現状(維)持
げんじょう い じ

現在の状態を保つこと。

---

06 (金)科玉条
きん か ぎょくじょう

人が絶対的なよりどころとして守るべき規則や法律のこと。
他例「玉」が出題されることもある。

---

07 熟(慮)断行
じゅく りょ だんこう

十分に考えた上で実行すること。

---

08 不(眠)不休
ふ みん ふ きゅう

眠らず休まず事にあたること。

---

09 容姿(端)麗
よう し たん れい

姿形が整っていて美しいさま。

---

10 好機(到)来
こう き とう らい

チャンスがくること。

読み

同音・同訓異字

漢字の識別

熟語の構成

部首

対義語・類義語

送り仮名

四字熟語

誤字訂正

書き取り

次の各文にまちがって使われている同じ読みの漢字が一字ある。左に誤字を、右に正しい漢字を記せ。

□ 01 フロンガスによるオゾン層の破壊は環境に大きな映響を与えた。

誤（　　）⇒ 正（　　）

□ 02 彼女はこの仕事に必要不可決な能力をすべて身に付けている。

誤（　　）⇒ 正（　　）

□ 03 試合の終盤に底力を発寄して逆転に成功し、ついに優勝を収めた。

誤（　　）⇒ 正（　　）

□ 04 消費者の混乱を招く恐れがある食品表字の改善案が議会に上る。

誤（　　）⇒ 正（　　）

□ 05 季節外れの台風の接近により、九州一体が大雨に見舞われた。

誤（　　）⇒ 正（　　）

□ 06 傷害物競走に出場し、途中で相手をかわして見事一位を獲得した。

誤（　　）⇒ 正（　　）

□ 07 歴史的な建造物を解築して作られた建物が街のシンボルです。

誤（　　）⇒ 正（　　）

□ 08 ホームで倒れた乗客に駅員が気づき、駆け寄って応急処致を講じた。

誤（　　）⇒ 正（　　）

解答

解説

	誤	正	
01	（ 映 ）	⇒	（ 影 ）

影響＝物事の力や作用が他のものにまで及ぶこと。

02	（ 決 ）	⇒	（ 欠 ）

不可欠＝欠くことのできないさま。

03	（ 寄 ）	⇒	（ 揮 ）

発揮＝持っている能力や素質を十分に表し示すこと。

04	（ 字 ）	⇒	（ 示 ）

表示＝外部に表し示すこと。

05	（ 体 ）	⇒	（ 帯 ）

一帯＝その場所やその地方の辺り全体。

06	（ 傷 ）	⇒	（ 障 ）

障害＝あることを行うのにさまたげとなるもの。

07	（ 解 ）	⇒	（ 改 ）

改築＝建造物の全部または一部を新しくつくりなおすこと。

08	（ 致 ）	⇒	（ 置 ）

処置＝傷や病気の手当てをすること。

読み
同音・同訓異字
漢字の識別
熟語の構成
部首
対義語・類義語
送り仮名
四字熟語
誤字訂正
書き取り

次の各文にまちがって使われている同じ読みの漢字が一字ある。左に誤字を、右に正しい漢字を記せ。

□ 01 政府からの求めで工場を動かす時間を短縮し電力の切減を図った。

誤（　　）⇒ 正（　　）

□ 02 世界屈指の自然の宝庫と言われ、多種多様な生物を観刷できる。

誤（　　）⇒ 正（　　）

□ 03 過去の震災に学び、日ごろから避難訓連や備蓄を行うことが大切だ。

誤（　　）⇒ 正（　　）

□ 04 家事の肩手間に簡単な内職をして、食費の助けにする。

誤（　　）⇒ 正（　　）

□ 05 買いたい家電商品があったので量販店を回り価革を比較して検討した。

誤（　　）⇒ 正（　　）

□ 06 通行量の多い交鎖点で自動車事故が多発したため、警察が対策を練る。

誤（　　）⇒ 正（　　）

□ 07 絶効の機会に大きなミスをしてしまい、逆転の可能性がなくなった。

誤（　　）⇒ 正（　　）

□ 08 著名な作家が戦国時代の史実に元づく小説を書き下ろし評価を得る。

誤（　　）⇒ 正（　　）

これも
ねらわれる！

でる度 ★★★
★★
★

読み

同音・同訓異字

漢字の識別

熟語の構成

部首

対義語・類義語

送り仮名

四字熟語

誤字訂正

書き取り

解答 / 解説

	誤		正	解説
01	（切）	⇒	（節）	節減＝使う量を切り詰めて減らすこと。
02	（刷）	⇒	（察）	観察＝物事の状態や変化を客観的に注意深く見ること。
03	（連）	⇒	（練）	訓練＝あることを教え、継続的に練習させ、体得させること。
04	（肩）	⇒	（片）	片手間＝本来の仕事のあいま。本職のかたわらにする仕事。
05	（革）	⇒	（格）	価格＝物の価値を金額で表したもの。値段。あたい。
06	（鎖）	⇒	（差）	交差点＝複数の道路が交わっている所。
07	（効）	⇒	（好）	絶好＝この上もなくよいこと。
08	（元）	⇒	（基）	基づく＝よりどころとする。

次の各文にまちがって使われている同じ読みの漢字が一字ある。左に誤字を、右に正しい漢字を記せ。

□ 01 独想的な考えも過去からの知識の蓄積を土台にして成り立っている。

誤（　　）⇒ 正（　　）

□ 02 観客の大きな声援を浴びながら、両選手団が勇ましい音楽と共に当場した。

誤（　　）⇒ 正（　　）

□ 03 遺跡から発見された壁画を当時の姿に集復するため専門家が呼ばれた。

誤（　　）⇒ 正（　　）

□ 04 高貨な買い物をしたので翌月の給料日まで節約することに決めた。

誤（　　）⇒ 正（　　）

□ 05 監とくは彼の弱点を的確に支摘し、名選手へと成長させた。

誤（　　）⇒ 正（　　）

□ 06 銀行から買収案件の話がきたが社内での検当に時間を要し好機を逃した。

誤（　　）⇒ 正（　　）

□ 07 大規模店舗の開業に客が察到し、交通整理のため警備員を増やす。

誤（　　）⇒ 正（　　）

□ 08 産業は高度経済成長の波に乗り、準調な発展をとげていった。

誤（　　）⇒ 正（　　）

読み

同音・同訓異字

漢字の識別

熟語の構成

部首

対義語・類義語

送り仮名

四字熟語

誤字訂正

書き取り

解答　　　　　解説

誤　　　正

01 （ 想 ）⇒（ 創 ）

独創的＝人のまねでなく、自分だけの考えでつくり出すさま。

02 （ 当 ）⇒（ 登 ）

登場＝新しい物や人物が公の場に現れ出ること。

03 （ 集 ）⇒（ 修 ）

修復＝壊れたところを元どおりに直すこと。

04 （ 貨 ）⇒（ 価 ）

高価＝値段が高いこと。

05 （ 支 ）⇒（ 指 ）

指摘＝大切な点や欠点などを具体的に指し示すこと。

06 （ 当 ）⇒（ 討 ）

検討＝物事を色々な面から詳しく調べ、よしあしを考えること。

07 （ 察 ）⇒（ 殺 ）

殺到＝多くの人や物が一時に、一か所に押し寄せること。

08 （ 準 ）⇒（ 順 ）

順調＝物事が調子よく運ぶこと。

次の各文にまちがって使われている同じ読みの漢字が一字ある。左に誤字を、右に正しい漢字を記せ。

□ 01 駅の保修工事を行っているため、階段の幅が狭くなっていて通りにくい。

誤（　　）⇒ 正（　　）

□ 02 先端の科学技術を招介する国際博覧会が大阪で開かれた。

誤（　　）⇒ 正（　　）

□ 03 長年の使用により労朽化した高速道路の工事が各所で行われる。

誤（　　）⇒ 正（　　）

□ 04 快適な学校生活を送るため、児童全員で屋上庭園を制備する。

誤（　　）⇒ 正（　　）

□ 05 脳死後に臓器程供することをはっきりと意思表示する。

誤（　　）⇒ 正（　　）

□ 06 消費者の歓心や興味を引くためには広告宣伝に力を入れる必要がある。

誤（　　）⇒ 正（　　）

□ 07 失敗を繰り返しながら調査研究を進めた末に専問分野で業績を上げる。

誤（　　）⇒ 正（　　）

□ 08 高血圧や肥満の兆候がみられ、医者から飲酒を制厳されている。

誤（　　）⇒ 正（　　）

これも
ねらわれる！

解答

	誤	正
01	(保)	⇒ (補)
02	(招)	⇒ (紹)
03	(労)	⇒ (老)
04	(制)	⇒ (整)
05	(程)	⇒ (提)
06	(歓)	⇒ (関)
07	(問)	⇒ (門)
08	(厳)	⇒ (限)

解説

補修＝足りない所を補ったり、壊れた所を修理したりすること。

紹介＝知られていない物事を世間に広く伝え知らせること。

老朽化＝古くなったりして役に立たなくなること。

整備＝いつでも使えるように整えておくこと。

提供＝他の人々の役に立てるために差し出すこと。

関心＝ひかれて心にかけること。興味を持つこと。注意を払うこと。

専門＝一つのことだけを研究したり、受け持ったりすること。

制限＝物事にある限界を設けること。

読み

同音・同訓異字

漢字の識別

熟語の構成

部首

対義語・類義語

送り仮名

四字熟語

誤字訂正

書き取り

177

次の各文にまちがって使われている同じ読みの漢字が一字ある。左に誤字を、右に正しい漢字を記せ。

□ 01 野生のくまが厳しい冬に供える様子を学者たちが観察する。

誤（　　）⇒ 正（　　）

□ 02 同音漢字の織別をしっかりと復習すれば、期末試験対策は万全だ。

誤（　　）⇒ 正（　　）

□ 03 教授からの依頼で古代建築の遺跡徴査のため、ローマに派遣された。

誤（　　）⇒ 正（　　）

□ 04 大集運動が活発となり、政治家にとって無視できないものとなった。

誤（　　）⇒ 正（　　）

□ 05 富士山が世界遺産に当録されたため、登山者数の急増が心配された。

誤（　　）⇒ 正（　　）

□ 06 出航後数日で難波したその客船は、それまで決して沈まないと言われていた。

誤（　　）⇒ 正（　　）

□ 07 子供のころから優等生の兄と非較され劣等感を抱えてきた。

誤（　　）⇒ 正（　　）

□ 08 外見は対称的な兄弟だが、仲は大変良く、いつも助け合っている。

誤（　　）⇒ 正（　　）

解答

解説

	誤		正	
01	(供)	⇒	(備)	備える=前もって用意する。
02	(織)	⇒	(識)	識別=物事の性質・種類などを見分けること。
03	(徴)	⇒	(調)	調査=物事を明らかにするために調べること。
04	(集)	⇒	(衆)	大衆運動=政治的目的などの達成のため一般の人々が集団で行う運動。
05	(当)	⇒	(登)	登録=帳ぼなどに記し載せること。
06	(波)	⇒	(破)	難破=暴風雨などにあって、船が壊れたり沈んだりすること。
07	(非)	⇒	(比)	比較=二つ以上のものを互いにくらべること。
08	(称)	⇒	(照)	対照的=二つの物事の違いがきわ立っているさま。

読み
同音・同訓異字
漢字の識別
熟語の構成
部首
対義語・類義語
送り仮名
四字熟語
誤字訂正
書き取り

次の──線のカタカナを漢字に直せ。

□ 01 国別に漁獲量の**トウケイ**をとる。（　　　　）

□ 02 図書館に本を**ヘンキャク**する。（　　　　）

□ 03 **タイクツ**な話で眠たくなる。（　　　　）

□ 04 休日を利用して**キョウリ**に帰る。（　　　　）

□ 05 **ズツウ**がするので熱をはかる。（　　　　）

□ 06 畑を**タガヤ**して、種を植える。（　　　　）

□ 07 枯れ葉を**モ**やして土にまく。（　　　　）

□ 08 友達に**ナヤ**みを打ち明ける。（　　　　）

□ 09 落ちていた財布を**ヒロ**う。（　　　　）

□ 10 店先で**アマヤ**ドりする。（　　　　）

合格点	得点
7/10	/10

これも
ねらわれる！

でる度
★★★
★★
★

読み

同音・同訓異字

漢字の識別

熟語の構成

部首

対義語・類義語

送り仮名

四字熟語

誤字訂正

書き取り

解答 | 解説

01 (統計)

同種のものを分類・整理し、その性質・状態などを数値で表すこと。また、表されたもの。

02 (返却)

借りたものや預かったものを持ち主に返すこと。
他例 却下・退却・売却・冷却

03 (退屈)

あきあきしていやけがさすこと。
他例 屈折・屈指・不屈

04 (郷里)

生まれ育った土地。生まれ育った故郷。
他例 郷土

05 (頭痛)

頭が痛むこと。また、その痛み。
他例 痛快

06 (耕)

耕す＝作物を植えたり種をまいたりするために、田畑を掘り返して土を柔らかくする。

07 (燃)

燃やす＝物に火をつけて焼く。

08 (悩)

悩み＝思いわずらうこと。心の苦しみ。

09 (拾)

拾う＝地上や床の上にあるものや落ちているもの、また落としたものを取り上げる。

10 (雨宿)

雨宿り＝軒下・木陰などにとどまって雨がやむのを待つこと。

次の――線のカタカナを漢字に直せ。

□ 01 ユウシュウな選手を招集する。 （　　　　　）

□ 02 実力をハッキして優勝した。 （　　　　　）

□ 03 誕生会にショウタイされる。 （　　　　　）

□ 04 不況がミンシュウを苦しめる。 （　　　　　）

□ 05 ワインを倉庫にチョゾウする。 （　　　　　）

□ 06 デパートでマイゴになる。 （　　　　　）

□ 07 問題解決の名案がウかんだ。 （　　　　　）

□ 08 初めてのコイビトができた。 （　　　　　）

□ 09 細かいことをハブいて説明する。（　　　　　）

□ 10 高い塔の上から矢をハナつ。 （　　　　　）

これも
ねらわれる！

でる度 ★★★
★★
★

読み
同音・同訓異字
漢字の識別
熟語の構成
部首
対義語・類義語
送り仮名
四字熟語
誤字訂正
書き取り

解答　　　　　　　　　　**解説**

01 （　優秀　）
非常にすぐれていること。
他例 秀才・秀作

02 （　発揮　）
持っている能力や素質を十分に表し示すこと。

03 （　招待　）
客として呼んでもてなすこと。

04 （　民衆　）
世間一般の、多くのふつうの人々。
他例 衆議

05 （　貯蔵　）
物をたくわえてしまっておくこと。
他例 土蔵

06 （　迷子　）
連れの人とはぐれたり、道に迷ったりした子供。

07 （　浮　）
浮かぶ＝心の中に上ってくる。意識に出てくる。

08 （　恋人　）
恋しく思う相手。相思相愛の間柄。

09 （　省　）
省く＝取り除く。減らす。省略する。

10 （　放　）
放つ＝射る。打つ。

183

次の——線のカタカナを漢字に直せ。

□ 01 目的のため**シュダン**を考える。 （　　　　）

□ 02 **センパイ**にあいさつをする。 （　　　　）

□ 03 被災地に援助物資を**ユソウ**する。（　　　　）

□ 04 **ホウフ**な知識を駆使する。 （　　　　）

□ 05 発言の同時**ツウヤク**は難しい。 （　　　　）

□ 06 道案内の表示に**シタガ**って歩く。（　　　　）

□ 07 日ごろのご厚恩に**ムク**いる。 （　　　　）

□ 08 **ハジ**をしのんでお願いする。 （　　　　）

□ 09 八年の歳月を**ヘ**て再会した。 （　　　　）

□ 10 子供が**アバ**れて応対に苦慮する。（　　　　）

解答

解説

01 (手段)

やり方。方法。
他例 階段・格段

02 (先輩)

年齢・地位・経験や学問・技芸などで、自分より上の人。
他例 後輩

03 (輸送)

船・車・飛行機などで、人や物を大量に運び送ること。

04 (豊富)

種類や数量がたっぷりとあること。

05 (通訳)

使用する言語が異なる人々の間に立って、訳し伝えること。

06 (従)

従う＝逆らわずに、そのとおりにする。服従する。

07 (報)

報いる＝受けた物事に対して、それにふさわしいお返しをする。

08 (恥)

面目を失うこと。自分の欠点・失敗などを恥ずかしく思うこと。

09 (経)

経る＝時がたつ。

10 (暴)

暴れる＝乱暴したり荒々しくさわいだりする。

読み

同音同訓異字

漢字の識別

熟語の構成

部首

対義語・類義語

送り仮名

四字熟語

誤字訂正

書き取り

次の――線のカタカナを漢字に直せ。

□ 01 賞賛の<u>ハクシュ</u>を贈る。　　　（　　　　）

□ 02 余計な一言で<u>ボケツ</u>を掘る。　（　　　　）

□ 03 名称の<u>ユライ</u>を調べる。　　　（　　　　）

□ 04 この問題は<u>ヨウイ</u>に解けた。　（　　　　）

□ 05 代表的な<u>チョサク</u>を紹介する。（　　　　）

□ 06 平静を<u>タモ</u>って危機に対応する。（　　　　）

□ 07 年<u>オ</u>いた桜の木がある。　　　（　　　　）

□ 08 道が狭いので<u>カタガワ</u>に寄る。（　　　　）

□ 09 急いで<u>フミキリ</u>を渡った。　　（　　　　）

□ 10 突風で髪形が<u>ミダ</u>れた。　　　（　　　　）

解答　　　　　　　解説

読み

01 (拍手)
手を打ち合わせて音を出すこと。
他例 手拍子・脈拍

同音・同訓異字

02 (墓穴)
墓穴を掘る＝自分で自分の失敗や敗北の
原因をつくる。

漢字の識別

03 (由来)
ある物事が経過してきた道筋。いわれ。

熟語の構成

04 (容易)
たやすいこと。骨の折れないこと。

部首

05 (著作)
本を書き著すこと。また、その書物。
他例 著者

対義語・類義語

06 (保)
保つ＝ある状態を長く持ち続ける。

送り仮名

07 (老)
老いる＝年をとる。

四字熟語

08 (片側)
一方のがわ。かたほう。

誤字訂正

09 (踏切)
鉄道線路と道路が同じ平面上で交差する
所。

書き取り

10 (乱)
乱れる＝整った状態が失われる。

次の――線のカタカナを漢字に直せ。

□ **01** 彼の体は**コウテツ**のようだ。 （　　　）

□ **02** **キチョウ**品を各自で管理する。 （　　　）

□ **03** 彼は**バツグン**の成績で卒業した。（　　　）

□ **04** 地震で交通網が**スンダン**された。（　　　）

□ **05** **エンジュク**した演技を見せる。 （　　　）

□ **06** **ワリビキ**した価格で販売する。 （　　　）

□ **07** 失敗しても**ヨワネ**は吐くまい。 （　　　）

□ **08** 感動で**ナミダ**が止まらなかった。（　　　）

□ **09** **コノ**みの色の服を選んで買う。 （　　　）

□ **10** 警官は**ケワ**しい表情をしていた。（　　　）

これもねらわれる！

でる度 ★★★
★★
★

解答

01（ 鋼鉄 ）

02（ 貴重 ）

03（ 抜群 ）

04（ 寸断 ）

05（ 円熟 ）

06（ 割引 ）

07（ 弱音 ）

08（ 涙 ）

09（ 好 ）

10（ 険 ）

解説

01 はがね。堅くて強い、鉄の一種。
他例 鉄鋼

02 極めて大切なこと。価値が高いこと。
他例 貴族

03 多くの中で、特にすぐれていること
他例 選抜・奇抜

04 細かくずたずたに断ち切ること。
他例 原寸

05 人柄・知識・技術などが十分に発達して、豊かな内容を持つようになること。
他例 熟練

06 決まっている値段よりも安くすること。

07 力のない声。また、いくじのない言葉。

08 涙腺から分泌される液体。

09 好み＝気に入ること。趣味。

10 険しい＝荒立ってとげとげしい。きつい。

読み

同音同訓異字

漢字の識別

熟語の構成

部首

対義語・類義語

送り仮名

四字熟語

誤字訂正

書き取り

次の──線のカタカナを漢字に直せ。

□ 01 洗面所の汚れを<u>ジョキョ</u>する。 （　　　　）

□ 02 本番で<u>ゼツミョウ</u>な演技を見せた。（　　　　）

□ 03 <u>トウギ</u>を重ね合意に達する。 （　　　　）

□ 04 医学実験が<u>ショウニン</u>された。 （　　　　）

□ 05 彼女の態度に<u>キョリ</u>を感じる。 （　　　　）

□ 06 間違いに気がつき<u>アヤマ</u>る。 （　　　　）

□ 07 犯人の<u>ユクエ</u>がつかめた。 （　　　　）

□ 08 木の<u>ミキ</u>にセミがとまっている。（　　　　）

□ 09 彼は人の上に立つ<u>ウツワ</u>だ。 （　　　　）

□ 10 食後に<u>クダモノ</u>を食べる。 （　　　　）

合格点
7/10

得点
/10

これも
ねらわれる！

でる度 ★★★
★★
★

解答 | 解説

01 (除去)
（じゃまなものなどを）取り除くこと。
他例 除幕・除外

02 (絶妙)
この上なくたくみですぐれていること。
他例 妙・奇妙

03 (討議)
ある事柄について、考えを言い合うこと。
他例 検討

04 (承認)
よいと認めて受け入れること。
他例 認識・確認

05 (距離)
二つの場所や物事の間のへだたり。
他例 離婚・分離

06 (謝)
謝る＝悪いと思ってわびる。謝罪する。

07 (行方)
進んで行く場所・方向。行く手。

08 (幹)
樹木の、枝や葉をつけるもとの部分。

09 (器)
事を行うことのできる才能。また、それ
を有する人物。器量。

10 (果物)
食用となる果実。フルーツ。

読み | 同音同訓異字 | 漢字の識別 | 熟語の構成 | 部首 | 対義語・類義語 | 送り仮名 | 四字熟語 | 誤字訂正 | 書き取り

次の――線のカタカナを漢字に直せ。

□ 01 望遠鏡で**ワクセイ**をながめる。 （　　　　）

□ 02 細かい説明は**ショウリャク**する。（　　　　）

□ 03 映画館の**オンキョウ**は迫力満点だ。（　　　　）

□ 04 旅行の**ヒヨウ**を調達する。 （　　　　）

□ 05 大学の専任**コウシ**となる。 （　　　　）

□ 06 泣きだした**チノ**み子をあやす。 （　　　　）

□ 07 サラダで栄養不足を**オギナ**う。 （　　　　）

□ 08 あの兄弟はとても**ニ**ている。 （　　　　）

□ 09 渡り鳥が**ツラ**なって飛んでいる。（　　　　）

□ 10 自ら目標達成の期限を**モウ**けた。（　　　　）

* *

読み

同音・同訓異字

漢字の識別

熟語の構成

部首

対義語・類義語

送り仮名

四字熟語

誤字訂正

書き取り

解答　　　　　　　　　**解説**

01 (惑星)
恒星の周囲を公転する、比較的大きな天体。
他例 疑惑・困惑・迷惑

02 (省略)
簡単にするために一部分を省くこと。

03 (音響)
音の響き。
他例 反響・影響

04 (費用)
あることをするために要する金銭。

05 (講師)
大学の教育職の一つ。教授・准教授に準じる職務に従事する。

06 (乳飲)
乳飲み子＝乳児。赤ん坊。

07 (補)
補う＝不足を満たす。欠けた所を補足する。

08 (似)
似る＝形や性質が、互いに同じように見える。

09 (連)
連なる＝一列に並び続く。

10 (設)
設ける＝ある基準などをこしらえる。

次の——線のカタカナを漢字に直せ。

□ 01 イゼンとして否認を続けている。（　　　　）

□ 02 新郎のご両親をショウカイします。（　　　　）

□ 03 チキュウギを机の上に置いた。（　　　　）

□ 04 機械の動きをセイギョする。（　　　　）

□ 05 好敵手にタイコウ意識を燃やす。（　　　　）

□ 06 確認をしてから書類に判をオす。（　　　　）

□ 07 祖母が笑顔で孫をダいている。（　　　　）

□ 08 心のオクソコに秘めた思いを持つ。（　　　　）

□ 09 開演に向けシバイの練習にはげむ。（　　　　）

□ 10 郵便フリカエで受講料を払う。（　　　　）

解答　　　　　　　　　　解説

01 (依然)

もとのままで少しも変わらない様子。
他例 依願・依存・依頼

02 (紹介)

未知の人同士の間に立って両者を引き合わせること。
他例 介護・介入

03 (地球儀)

地球をかたどった模型。球体の表面に地球の地図を描き、回転できる。
他例 威儀・儀式・余儀・流儀

04 (制御)

機械やシステムなどをその目的に合う状態で動くように操作すること。
他例 御用・防御

05 (対抗)

互いに張り合うこと。競うこと。
他例 抗議・抗争・抵抗・反抗

06 (押)

判を押す＝印をおさえて、その形を紙につける。
他例 目白押し

07 (抱)

抱く＝うでで胸にかかえもつ。かかえる。

08 (奥底)

奥深いところ。
他例 奥歯・山奥

09 (芝居)

演劇の総称。
他例 芝生

10 (振替)

郵便振替＝郵便局を通じて、現金の授受をせずに支払いや受け取りができるようにした制度。他例 羽振り

読み

同音・同訓異字

漢字の識別

熟語の構成

部首

対義語・類義語

送り仮名

四字熟語

誤字訂正

書き取り

次の――線のカタカナを漢字に直せ。

□ 01 シボウ太りを防ぐ。　　　　　　（　　　）

□ 02 彼の意見はキョクタンだ。　　　（　　　）

□ 03 トッピョウシもない発言が出た。（　　　）

□ 04 機内キンエンにご協力ください。（　　　）

□ 05 待ち合わせにチコクしそうだ。　（　　　）

□ 06 日本の選手が上位をシめた。　　（　　　）

□ 07 オソザきの歌手のCDを買う。　（　　　）

□ 08 台所の流し場でイモを洗った。　（　　　）

□ 09 風通しの良い場所でカゲボしする。（　　　）

□ 10 ヒトカゲもまばらな店内に入る。（　　　）

解答 / **解説**

右欄タブ: 読み / 同音・同訓異字 / 漢字の識別 / 熟語の構成 / 部首 / 対義語・類義語 / 送り仮名 / 四字熟語 / 誤字訂正 / 書き取り

01 (脂肪)
動植物の中に含まれるあぶら。
他例 脂質・油脂

02 (極端)
普通の程度から大きく外れていること。
他例 先端

03 (突拍子)
突拍子もない＝とてつもない。途方もない。常識では考えられない。
他例 煙突・激突・唐突

04 (禁煙)
たばこを吸うことを禁じること。
他例 黒煙・噴煙

05 (遅刻)
決められた時刻に遅れること。
他例 遅延

06 (占)
占める＝場所・物・地位などを、自分のものとしてふさぐ。

07 (遅咲)
遅咲き＝実力や才能を発揮するのに人よりも時間のかかった人物をたとえている。

08 (芋)
植物の地下のくきや根がでんぷんなどの養分をためて大きくなったもの。
他例 芋掘り

09 (陰干)
陰干し＝日陰で干して乾かすこと。

10 (人影)
人の影。人の姿。
他例 影絵

次の――線のカタカナを漢字に直せ。

□ 01 騒乱に備えて厳しく**ケイカイ**する。（　　　　）

□ 02 **ギョカク**高は減少傾向にある。（　　　　）

□ 03 晴ればかりで空気が**カンソウ**する。（　　　　）

□ 04 贈り物で相手の**カンシン**を買う。（　　　　）

□ 05 朝は**フツウ**六時に起きます。（　　　　）

□ 06 事を**アラダ**てるつもりはない。（　　　　）

□ 07 看護師が注射の針を腕に**サ**す。（　　　　）

□ 08 昨日の**ツカ**れが残っているようだ。（　　　　）

□ 09 **ネボウ**して新幹線に乗り損ねた。（　　　　）

□ 10 彼が息を**ハズ**ませ走ってきた。（　　　　）

これも
ねらわれる！

解答　**解説**

01 (警戒)

よくないことが起こらないように注意
し、用心すること。
[他例] 戒律・厳戒

02 (漁獲)

魚や貝などの水産物をとること。また、
そのとったもの。
[他例] 獲得・捕獲

03 (乾燥)

しっけや水分がなくなり乾くこと。また、
乾かすこと。
[他例] 乾電池・乾杯

04 (歓心)

歓心を買う＝人の気に入るように機嫌を
取る。
[他例] 歓迎・歓談

05 (普通)

特に変わっていないこと。

06 (荒立)

荒立てる＝物事をもつれさせ、めんどう
にする。

07 (刺)

刺す＝先のとがったものを突き入れる。

08 (疲)

疲れ＝疲れること。くたびれること。疲
労。

09 (寝坊)

朝遅くまで寝ること。

10 (弾)

弾む＝呼吸が荒くなる。

読み

同音同訓異字

漢字の識別

熟語の構成

部首

対義語・類義語

送り仮名

四字熟語

誤字訂正

書き取り

199

次の——線のカタカナを漢字に直せ。

□ 01 輝かしい経歴に**オテン**を残した。（　　　）

□ 02 人間は自然の**オンケイ**に浴する。（　　　）

□ 03 会社役員と工場長を**ケンム**する。（　　　）

□ 04 **スナハマ**でビーチバレーをする。（　　　）

□ 05 小包を**ゲンカン**先で受け取る。（　　　）

□ 06 しだいに悲しみは**ウス**らいだ。（　　　）

□ 07 ふとんを**シ**き横になる。（　　　）

□ 08 被疑者の**ミガラ**を確保する。（　　　）

□ 09 庭のすみに古い**イド**がある。（　　　）

□ 10 学校行事で**イネカ**りを体験する。（　　　）

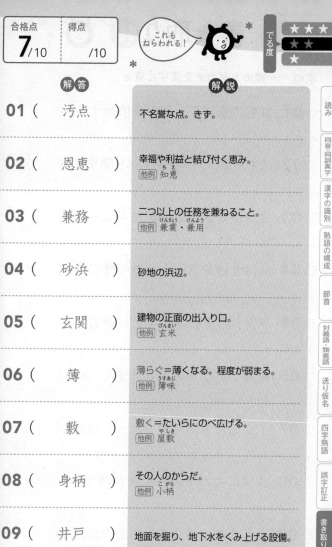

読み

同音同訓異字

漢字の識別

熟語の構成

部首

対義語・類義語

送り仮名

四字熟語

誤字訂正

書き取り

解答 / **解説**

01 (汚点)

不名誉な点。きず。

02 (恩恵)

幸福や利益と結び付く恵み。
他例 知恵

03 (兼務)

二つ以上の任務を兼ねること。
他例 兼業・兼用

04 (砂浜)

砂地の浜辺。

05 (玄関)

建物の正面の出入り口。
他例 玄米

06 (薄)

薄らぐ＝薄くなる。程度が弱まる。
他例 薄味

07 (敷)

敷く＝たいらにのべ広げる。
他例 屋敷

08 (身柄)

その人のからだ。
他例 小柄

09 (井戸)

地面を掘り、地下水をくみ上げる設備。

10 (稲刈)

稲刈り＝実った稲を刈り取ること。
他例 稲妻

次の――線のカタカナを漢字に直せ。

□ 01 有名作家に<u>シッピツ</u>を依頼する。(　　　　)

□ 02 スキーで<u>シャメン</u>をすべり降りる。(　　　　)

□ 03 火口から<u>フンエン</u>が立ち上る。　(　　　　)

□ 04 私は友達を<u>アイショウ</u>で呼ぶ。　(　　　　)

□ 05 <u>フクショク</u>の専門学校に進む。　(　　　　)

□ 06 腹痛で<u>アブラアセ</u>が止まらない。(　　　　)

□ 07 <u>イクエ</u>にも折りかさなった地層。(　　　　)

□ 08 希望に<u>カガヤ</u>いた未来が待つ。　(　　　　)

□ 09 よく<u>オニ</u>ごっこをしたものだ。　(　　　　)

□ 10 最も<u>オソ</u>ろしいのは油断だ。　　(　　　　)

これも
ねらわれる！

でる度 ★★★
★★
★

読み

同音・同訓異字

漢字の識別

熟語の構成

部首

対義語・類義語

送り仮名

四字熟語

誤字訂正

書き取り

解答

解説

01 (執筆)

文章を書くこと。
他例 執行・執着

02 (斜面)

水平面に対して、斜めになっている平面。
他例 傾斜・斜陽

03 (噴煙)

火山などからふき出すけむり。
他例 噴出・噴水・噴霧器

04 (愛称)

正式な名前とは別に、親しい気持ちをこめて呼ぶ名前。ニックネーム。
他例 自称・他称・通称

05 (服飾)

衣服と装身具。
他例 修飾・装飾

06 (脂汗)

からだの悪い時や苦しい時に出るねばねばした汗。
他例 一汗

07 (幾重)

たくさん重なっていること。また、その重なり。
他例 幾日・幾ら

08 (輝)

輝く＝まぶしいほど明るく光る。

09 (鬼)

鬼ごっこ＝鬼になった者が他の者を追いかけ、つかまった者が次の鬼になる、子供の遊び。

10 (恐)

恐ろしい＝危険・不安に感じられる。こわい。

次の——線の漢字の読みをひらがなで記せ。

□ 01 釈明しても聞いてもらえない。　（　　　　　）

□ 02 人為的ミスから事故が発生した。（　　　　　）

□ 03 微細な粒子が観察される。　　　（　　　　　）

□ 04 彼の動作は鈍重だ。　　　　　　（　　　　　）

□ 05 主翼にトラブルが発生した。　　（　　　　　）

□ 06 図書館は知識の殿堂だ。　　　　（　　　　　）

□ 07 国語の成績の優劣を競う。　　　（　　　　　）

□ 08 雨のため予定時間を繰り上げた。（　　　　　）

□ 09 投資をして資産を殖やす。　　　（　　　　　）

□ 10 恩師から留学を勧められた。　　（　　　　　）

解答　　　　　　　　解説

01 (しゃくめい)

相手の誤解や非難に対して事情などを説明して分かってもらおうとすること。
他例 解釈・釈放・釈然

02 (じんい)

自然のままでなく人の手を加えること。
他例 作為

03 (りゅうし)

細かな粒。特に、物質を構成している微細な粒。

04 (どんじゅう)

動作や反応が鈍くのろいこと。

05 (しゅよく)

胴体から両側に張り出していて、飛行機に浮きあがる力をあたえるつばさ。
他例 尾翼・一翼

06 (でんどう)

ある分野の優れたものが集められている建物。
他例 御殿・沈殿

07 (ゆうれつ)

すぐれていることと劣ること。
他例 劣勢・劣等

08 (く)

繰り上げる＝日や時間を予定より早くする。

09 (ふ)

財産や動植物の数量が多くなるようにすること。

10 (すす)

勧める＝そうするようにさそいかける。

読み

同音同訓異字

漢字の識別

熟語の構成

部首

対義語・類義語

送り仮名

四字熟語

誤字訂正

書き取り

次の——線の漢字の読みをひらがなで記せ。

□ 01 初対面の人に名刺を渡す。　　　（　　　　）

□ 02 父が岸壁に漁船をつなぐ。　　　（　　　　）

□ 03 全盛期の体力を維持する。　　　（　　　　）

□ 04 交替制で勤務する。　　　　　　（　　　　）

□ 05 調査のため野生動物を捕獲する。（　　　　）

□ 06 静寂が辺りを包む。　　　　　　（　　　　）

□ 07 四国に匹敵する広さの湖。　　　（　　　　）

□ 08 体調が悪く動きが鈍い。　　　　（　　　　）

□ 09 暖かいので薄着で出かける。　　（　　　　）

□ 10 ご期待に添えるように努力します。（　　　　）

ここまで
がんばろう！

でる度 ★★★ / ★★ / ★

読み

同音・同訓異字

漢字の識別

熟語の構成

部首

対義語・類義語

送り仮名

四字熟語

誤字訂正

書き取り

解答

01 (めいし)

解説

氏名・住所・勤務先・身分などを記した小形の紙ふだ。
[他例] 風刺・刺激

02 (がんぺき)

険しく切り立った岸。
[他例] 壁面・壁画

03 (いじ)

持ちこたえること。同じ状態を保ち続けること。

04 (こうたい)

互いにかわり合うこと。入れかわること。

05 (ほかく)

鳥獣などを生け捕ること。

06 (せいじゃく)

静かでひっそりしていること。また、そのさま。

07 (ひってき)

程度が同じくらいで肩を並べること。

08 (にぶ)

鈍い＝（感覚・反応が）のろい。素早くない。

09 (うすぎ)

（寒い時でも）着る物を何枚も重ねて着ないこと。

10 (そ)

添える＝期待や目的にかなう。

次の――線の漢字の読みをひらがなで記せ。

□ 01 はだが乾燥してあかぎれになる。（　　　　）

□ 02 目上の方との会話に恐縮する。（　　　　）

□ 03 八月中旬に旅行を計画している。（　　　　）

□ 04 寝食を忘れて仕事に打ち込む。（　　　　）

□ 05 うわさ話が騒動に発展する。（　　　　）

□ 06 チョウのさなぎが羽化した。（　　　　）

□ 07 お客様を玄関までお見送りする。（　　　　）

□ 08 旅行前日に身支度をする。（　　　　）

□ 09 親の命令に背く。（　　　　）

□ 10 建て替えのため古い民家を壊す。（　　　　）

解答	解説

01 （ かんそう ）　うるおいや水分がなくなり、乾くこと。
[他例] 高燥地

02 （ きょうしゅく ）　相手に何かしてもらったり迷惑をかけたりしたことを申し訳なく思うこと。
[他例] 恐怖

03 （ ちゅうじゅん ）　月のなかほどの十日間。月なかば。
[他例] 旬刊

04 （ しんしょく ）　寝ることと食べること。
[他例] 就寝

05 （ そうどう ）　大勢の人が騒ぎ立て、秩序を乱すこと。
[他例] 騒然

06 （ うか ）　こん虫が成虫になること。
[他例] 羽毛

07 （ げんかん ）　建物の正面の出入り口。
[他例] 玄米

08 （ みじたく ）　何かをするために服装を整えること。

09 （ そむ ）　背く＝人の意見や物事のきまりに従わない。

10 （ こわ ）　壊す＝くだく。破壊する。

読み

同音・同訓異字

漢字の識別

熟語の構成

部首

対義語・類義語

送り仮名

四字熟語

誤字訂正

書き取り

次の――線の漢字の読みをひらがなで記せ。

□ 01 工場の煙害に抗議する。　　　　（　　　　）

□ 02 聞きしに勝る絶景に感嘆する。　（　　　　）

□ 03 疲労の蓄積が限界に達する。　　（　　　　）

□ 04 到底間に合わないだろう。　　　（　　　　）

□ 05 物事の是非を問う。　　　　　　（　　　　）

□ 06 会社が業績不振におちいる。　　（　　　　）

□ 07 私は毎朝五時に起床する。　　　（　　　　）

□ 08 見渡す限り一面の野原だ。　　　（　　　　）

□ 09 強力な後ろ盾を得る。　　　　　（　　　　）

□ 10 沢登りでさわやかな汗を流す。　（　　　　）

解答

解説

01 (えんがい)

鉱山や工場から出るけむりや、火山の噴煙などのために受ける被害。
他例 煙突・煙霧・禁煙

02 (かんたん)

感心してほめたたえること。
他例 驚嘆

03 (ちくせき)

物やお金・知識などをたくわえること。
他例 含蓄・備蓄

04 (とうてい)

とても。どのようにしても。
他例 到着・到来・周到・殺到

05 (ぜひ)

物事のよいこととよくないこと。
他例 是認・是正

06 (ふしん)

勢いの振るわないさま。
他例 振興・振幅

07 (きしょう)

寝床から起き出すこと。
他例 病床

08 (みわた)

見渡す＝遠くのほうまで広く見る。

09 (だて)

後ろ盾＝かげにいて助けたり力になったりすること。また、その人。

10 (さわ)

沢登り＝登山で沢やたきを登ること。

読み

同音・同訓異字

漢字の識別

熟語の構成

部首

対義語・類義語

送り仮名

四字熟語

誤字訂正

書き取り

次の——線の漢字の読みをひらがなで記せ。

□ 01 背丈がとっくに父親を超えた。（　　　）

□ 02 友人は端麗な顔立ちをしている。（　　　）

□ 03 この場所が北緯何度かを調べる。（　　　）

□ 04 港に漁船を停泊させる。（　　　）

□ 05 平安時代の秀歌を勉強する。（　　　）

□ 06 夏を迎え一気に雑草が繁茂する。（　　　）

□ 07 事件の一部始終を描写する。（　　　）

□ 08 ダムに蓄えていた水を放出する。（　　　）

□ 09 恩師の紹介で今の仕事に就いた。（　　　）

□ 10 助けを求めて大声で叫んだ。（　　　）

合格点	得点
7/10	/10

ここまで
がんばろう！

てる度 ★★★
★★
★

読み

同音・同訓異字

漢字の識別

熟語の構成

部首

対義語・類義語

送り仮名

四字熟語

誤字訂正

書き取り

解答

解説

01 (せたけ)

せいの高さ。身長。
他例 丈夫・気丈

02 (たんれい)

姿や形がきちんと整っていて美しいこと。
他例 秀麗

03 (ほくい)

赤道から北の緯度。
他例 経緯・緯度

04 (ていはく)

船がいかりをおろしてとまること。
他例 淡泊

05 (しゅうか)

優れた和歌。
他例 秀麗・優秀・秀才

06 (はんも)

草木が生い茂ること。

07 (びょうしゃ)

絵・文章・音楽などで、物事の情景・状態や感情を描き出すこと。

08 (たくわ)

蓄える＝物やお金などを、あとに役立つようにためておく。

09 (つ)

就く＝ある地位や役目に身を置いてその仕事に従事する。

10 (さけ)

叫ぶ＝声を高くするどく発する。

次の──線の漢字の読みをひらがなで記せ。

□ 01 極端な方針変更に困惑する。　　（　　　　）

□ 02 恐怖で頭が真っ白になった。　　（　　　　）

□ 03 彼岸に墓参りに行く。　　　　　（　　　　）

□ 04 猛暑の影響で電力消費が増える。（　　　　）

□ 05 薬剤師を目指して勉強する。　　（　　　　）

□ 06 自分の名誉にかけ約束を守る。　（　　　　）

□ 07 合格圏内の判定に喜ぶ。　　　　（　　　　）

□ 08 木枯らしが吹く季節が訪れた。　（　　　　）

□ 09 月半ばで小遣いを使い果たした。（　　　　）

□ 10 機械が火を噴いて動かなくなる。（　　　　）

	解答		解説

読み

同音同訓異字

漢字の識別

熟語の構成

部首

対義語・類義語

送り仮名

四字熟語

誤字訂正

書き取り

01 (きょくたん)

ある方向に非常にかたよっていること。
標準から非常にはずれていること。
他例 端的・端末・端正・異端

02 (きょうふ)

恐れること。恐ろしく思う心。

03 (ひがん)

春分・秋分の日を中日とする各七日間。

04 (えいきょう)

他方に力を及ぼして、変化を与えること。
他例 反響・音響

05 (やくざいし)

処方せんによる薬の調剤と医薬品の提供
を法律上許されている人。

06 (めいよ)

優れている・価値があると世に認められ
ること。
他例 栄誉

07 (けんない)

ある範囲の中。範囲内。
他例 大気圏

08 (こがらし)

木枯らし＝秋の終わりから冬にかけて強
く吹く冷たい北風。

09 (こづかい)

小遣い＝日常の小さな買い物などにあて
る金銭。

10 (ふ)

噴く＝勢いよく外へ出す。また、外へ出
る。

215

次の――線の漢字の読みをひらがなで記せ。

□ 01 助走をとって跳躍をする。 （　　　）

□ 02 合格欄に自分の名前を発見した。（　　　）

□ 03 老朽化した校舎を建て替える。 （　　　）

□ 04 微力ながらお手伝いします。 （　　　）

□ 05 環境への問題意識が浸透する。 （　　　）

□ 06 遠くに立山連峰が見える。 （　　　）

□ 07 柔和な表情を浮かべる。 （　　　）

□ 08 虫が入らないよう網戸を閉める。（　　　）

□ 09 所用のため家の者が出払う。 （　　　）

□ 10 秀才の誉れが高い友人に尋ねる。（　　　）

解答 / 解説

01 (ちょうやく)
とび上がること。とび跳ねること。
他例 跳馬

02 (らん)
かこい。書物の中などで線にかこまれている部分。
他例 欄干・空欄

03 (ろうきゅう)
古くなったりして役に立たなくなること。
他例 不朽

04 (びりょく)
力のわずかなこと。力量の足りないこと。
他例 微妙・微生物・微風

05 (しんとう)
考え方・習慣などが広く行き渡ること。

06 (れんぽう)
連なっている山の峰。
他例 名峰

07 (にゅうわ)
性質や表情が優しくおだやかなさま。

08 (あみど)
網を張った戸のこと。

09 (ではら)
出払う＝人や物が、全部出てしまって残っていない。

10 (ほま)
誉れ＝よい評判。名誉。ほめられて光栄なこと。

読み

同音・同訓異字

漢字の識別

熟語の構成

部首

対義語・類義語

送り仮名

四字熟語

誤字訂正

書き取り

次の――線の漢字の読みをひらがなで記せ。

□ 01 越境して外国へ亡命する。　　　（　　　　）

□ 02 インターネットが普及する。　　（　　　　）

□ 03 強豪と互角に渡り合う。　　　　（　　　　）

□ 04 クラスで行進曲を吹奏する。　　（　　　　）

□ 05 宮大工の技に驚嘆する。　　　　（　　　　）

□ 06 目撃者の証言が矛盾する。　　　（　　　　）

□ 07 彼の漫然とした態度に激怒する。（　　　　）

□ 08 彼とは何かと縁がある。　　　　（　　　　）

□ 09 節約のためむだな出費を慎む。　（　　　　）

□ 10 寝坊して大事な試合に遅れる。　（　　　　）

解答 　　　　　　　　解説

01 （ えっきょう ）

越境＝境界線を越えること。
他例 越冬・優越

02 （ ふきゅう ）

広く一般に行き渡ること。
他例 普及率

03 （ ごかく ）

互いの力量に優劣のないこと。また、そのさま。五分五分。
他例 相互

04 （ すいそう ）

管楽器で演奏すること。
他例 吹奏楽

05 （ きょうたん ）

非常に驚き感心すること。
他例 驚異

06 （ むじゅん ）

前後のつじつまがきちんと合わないこと。

07 （ まんぜん ）

一定の目的や意識がなく、ただぼんやりとしているようす。
他例 散漫

08 （ えん ）

えん。ゆかり。巡り合わせ。

09 （ つつし ）

慎む＝物事の度をこさないよう、ひかえめにする。

10 （ ねぼう ）

朝遅くまで寝ていること。

読み

同音・同訓異字

漢字の識別

熟語の構成

部首

対義語・類義語

送り仮名

四字熟語

誤字訂正

書き取り

次の——線のカタカナにあてはまる漢字をそれぞれの
ア～オから一つ選び、記号を記せ。

□ **01** マラソンを実**キョウ**中継する。　（　　）

□ **02** このホールは音**キョウ**がすばらしい。（　　）

□ **03** **キョウ**悪な犯罪が増加する。　（　　）

（ア 凶　イ 況　ウ 響　エ 協　オ 狂）

□ **04** **タン**精してランの花を手入れする。（　　）

□ **05** **タン**正な横顔に思わずみとれる。（　　）

□ **06** 濃**タン**の異なる青の絵具。　（　　）

（ア 淡　イ 単　ウ 短　エ 丹　オ 端）

□ **07** **ク**ちて壊れそうな古い家屋。　（　　）

□ **08** 貯金残高を来月分に**ク**り越す。（　　）

□ **09** 強い味方と手を**ク**んだ。　（　　）

（ア 繰　イ 暮　ウ 朽　エ 組　オ 来）

解答　　　　　　　解説

01 （ イ ）

実況＝現場の実際の状況。
[他例] 状況・盛況・近況

02 （ ウ ）

音響＝耳にひびく音。音のひびき。
[他例] 反響・交響・影響

03 （ ア ）

凶悪＝性質に思いやりがなく、ひどい悪事を平気でやること。また、そのさま。
[他例] 凶作・凶器・凶悪犯

04 （ エ ）

丹精＝心を尽くしていねいに物事をすること。
[他例] 丹念

05 （ オ ）

端正＝顔立ちなどが整って美しいさま。
[他例] 端的・両端・極端・先端

06 （ ア ）

濃淡＝色や味などの濃いことと、薄いこと。
[他例] 淡泊・冷淡・淡水

07 （ ウ ）

朽ちる＝くさって形がくずれたりぼろぼろになったりすること。

08 （ ア ）

繰り越す＝その期間に済まなかった物事を次へ送ること。

09 （ エ ）

手を組む＝仲間になる。協力する。

読み

同音・同訓異字

漢字の識別

熟語の構成

部首

対義語・類義語

送り仮名

四字熟語

誤字訂正

書き取り

221

次の——線のカタカナにあてはまる漢字をそれぞれの
ア〜オから一つ選び、記号を記せ。

□ **01** 試験をひかえ早めに就シンする。　（　　　）

□ **02** 軍のシン攻に抗議の声が上がる。　（　　　）

□ **03** 新たに観光事業をシン興する。　（　　　）

（ア 侵　イ 信　ウ 振　エ 寝　オ 深）

□ **04** 条件を記サイした用紙を読む。　（　　　）

□ **05** 美しい色サイの風景画を飾る。　（　　　）

□ **06** 被災者への救サイ策を検討する。　（　　　）

（ア 彩　イ 済　ウ 細　エ 際　オ 載）

□ **07** 体調をくずし珍しく弱音をハく。　（　　　）

□ **08** 海面で魚がハねる様子を観察する。（　　　）

□ **09** 体を後ろに反らして胸をハる。　（　　　）

（ア 晴　イ 生　ウ 吐　エ 張　オ 跳）

解答 　　　　　解説

読み

同音同訓異字

漢字の識別

熟語の構成

部首

対義語・類義語

送り仮名

四字熟語

誤字訂正

書き取り

01 （ エ ）

就寝＝眠るために寝床に入ること。
[他例] 寝食・寝具・寝室

02 （ ア ）

侵攻＝敵の領地をおかし攻めること。
[他例] 侵入・侵略・侵害

03 （ ウ ）

振興＝学術・産業などが盛んになること。
[他例] 不振

04 （ オ ）

記載＝書物・書類などに書いて載せること。
[他例] 満載・連載・積載・休載

05 （ ア ）

色彩＝いろどり。
[他例] 多彩・光彩・極彩色・彩色

06 （ イ ）

救済＝災害・不幸などから人を救うこと。
[他例] 返済・決済

07 （ ウ ）

吐く＝心にあることばを出す。言う。

08 （ オ ）

跳ねる＝はずみをつけてとびあがる。

09 （ エ ）

張る＝肩を上げたり体を反らしたりして、いかつく見せる。

次の──線のカタカナにあてはまる漢字をそれぞれの
ア～オから一つ選び、記号を記せ。

□ **01** 多ボウを極め体調をくずす。　　（　　）

□ **02** 路ボウに面した店を訪れる。　　（　　）

□ **03** ボウ険小説に心を躍らせる。　　（　　）

（ア 忙　イ 傍　ウ 忘　エ 坊　オ 冒）

□ **04** セイ大なパーティーを開く。　　（　　）

□ **05** 職場では旧セイで仕事を続ける。（　　）

□ **06** 七大陸の最高峰をセイ服する。　（　　）

（ア 政　イ 姓　ウ 征　エ 盛　オ 勢）

□ **07** 水泳は水にウくことから始まる。（　　）

□ **08** 努力が良い結果をウんだ。　　　（　　）

□ **09** 遠くにいるけものを鉄砲でウつ。（　　）

（ア 浮　イ 討　ウ 産　エ 撃　オ 生）

解答 / 解説

読み

同音同訓異字

漢字の識別

熟語の構成

部首

対義語・類義語

送り仮名

四字熟語

誤字訂正

書き取り

01 （ ア ）

多忙（たぼう）＝非常に忙しいさま。
他例 忙殺（ぼうさつ）

02 （ イ ）

路傍（ろぼう）＝道端。路辺。
他例 傍観（ぼうかん）・傍受（ぼうじゅ）

03 （ オ ）

冒険（ぼうけん）＝危険をおかして行うこと。
他例 冒頭（ぼうとう）・感冒（かんぼう）

04 （ エ ）

盛大（せいだい）＝極めて盛んであること。
他例 盛会（せいかい）・最盛期（さいせいき）・全盛期（ぜんせいき）・盛夏（せいか）

05 （ イ ）

旧姓（きゅうせい）＝結婚したり養子となったりして姓の変わった人の、前の姓。
他例 同姓（どうせい）・姓名（せいめい）・別姓（べっせい）・改姓（かいせい）

06 （ ウ ）

征服（せいふく）＝困難に打ち勝って、目的を果たすこと。
他例 遠征（えんせい）

07 （ ア ）

浮く（うく）＝浮かぶ。水面に出る。

08 （ オ ）

生む（うむ）＝ある事態・判断を生じさせること。

09 （ エ ）

撃つ（うつ）＝鉄砲・大砲などを発射する。また、鉄砲や大砲などで相手や獲物を殺傷する。

三つの□に共通する漢字を入れて熟語を作れ。漢字は
1〜5、6〜10それぞれ右の□□から一つ選び、記号を記せ。

□01 吐□・□骨・□出 （　　）

□02 対□・□号・□賛 （　　）

□03 証□・□点・論□ （　　）

□04 売□・□下・退□ （　　）

□05 暗□・□秘・沈□ （　　）

ア 露
イ 称
ウ 抗
エ 黙
オ 争
カ 拠
キ 買
ク 却
ケ 劣
コ 避

□06 不□・□動・□興 （　　）

□07 □明・注□・□放 （　　）

□08 □然・□存・□拠 （　　）

□09 □利・□敏・新□ （　　）

□10 □跡・□妙・好□心（　　）

ア 開
イ 難
ウ 振
エ 依
オ 鋭
カ 奇
キ 触
ク 過
ケ 釈
コ 鮮

合格点	得点
7/10	/10

ここまで
がんばろう！

でる度 ★★★
★★★
★★
★

解答　　　　**解説**

01（ア）
吐露＝考えていることを隠さず述べること。
露骨＝感情や意図などをむきだしに表すこと。
露出＝むきだしになること。むきだすこと。
他例　結露／雨露／朝露

02（イ）
対称＝対応していてつり合いがとれていること。
称号＝呼び名。資格などを表す名称。
称賛＝ほめたたえること。
他例　名称／俗称／呼称

03（カ）
証拠＝証明するしるし。あかし。
拠点＝活動のあしがかりとなるところ。
論拠＝議論のよりどころ。論が成り立つ根拠。
他例　占拠／根拠／準拠

04（ク）
売却＝売り払うこと。
却下＝訴えなどを退けること。
退却＝状況が不利になり退くこと。
他例　冷却／脱却／返却

05（エ）
暗黙＝口に出さないで黙っていること。
黙秘＝何も言わないでだまっていること。
沈黙＝だまりこむこと。口をきかないこと。
他例　黙読／黙殺／黙認

06（ウ）
不振＝勢いの振るわないさま。
振動＝物がゆれて動くこと。
振興＝盛んになること。盛んにすること。
他例　振幅

07（ケ）
釈明＝真意を説明し理解を求めること。
注釈＝注を加え本文の説明をすること。
釈放＝捕らえていた者を許し自由にすること。
他例　釈然／解釈／講釈

08（エ）
依然＝もとのままであるさま。
依存＝他に頼って存在すること。
依拠＝よりどころとすること。
他例　依頼／依願

09（オ）
鋭利＝鋭くよく切れること。
鋭敏＝才知の鋭くかしこいこと。
新鋭＝新しく進出して勢いの鋭く盛んなこと。
他例　鋭角／精鋭

10（カ）
奇跡＝常識をこえて不思議な出来事・現象。
奇妙＝珍しく、不思議なこと。
好奇心＝未知の物事に対する関心や興味。
他例　奇抜／奇行

読み
同音同訓異字
漢字の識別
熟語の構成
部首
対義語・類義語
送り仮名
四字熟語
誤字訂正
書き取り

三つの□に共通する漢字を入れて熟語を作れ。漢字は
1～5、6～10それぞれ右の□から一つ選び、記号を記せ。

□01 閉□・連□・□国 （　　）

□02 □号・激□・□気 （　　）

□03 □雪・鼓□・□奏 （　　）

□04 □出・□線・□衣 （　　）

□05 □勢・□略・□防 （　　）

ア	吹
イ	美
ウ	鎖
エ	攻
オ	高
カ	怒
キ	粉
ク	優
ケ	更
コ	脱

□06 退□・不□・理□ （　　）

□07 転□・□壊・打□ （　　）

□08 筆□・追□・遺□ （　　）

□09 悲□・□劇・陰□ （　　）

□10 威□・□式・流□ （　　）

ア	倒
イ	突
ウ	儀
エ	球
オ	尾
カ	品
キ	想
ク	惨
ケ	跡
コ	屈

読み

同音・同訓異字

漢字の識別

熟語の構成

部首

対義語・類義語

送り仮名

四字熟語

誤字訂正

書き取り

解答 / 解説

01（ウ）
閉鎖＝とじること。とざすこと。
連鎖＝くさりのように連なること。
鎖国＝国が、外国との外交等を禁止すること。
他例　鎖骨

02（カ）
怒号＝怒ってさけぶこと。どなること。
激怒＝はげしくいかること。
怒気＝怒った気持ち。
他例　怒声

03（ア）
吹雪＝はげしい風と共に雪が降ること。
鼓吹＝元気づけはげますこと。
吹奏＝管楽器で演奏すること。
他例　息吹

04（コ）
脱出＝ぬけ出ること。
脱線＝電車の車輪が線路からはずれること。
脱衣＝衣服をぬぐこと。
他例　離脱／脱帽／着脱

05（エ）
攻勢＝相手に対して積極的に攻めこむ態勢。
攻略＝攻めてうばいとること。
攻防＝攻めることと防ぐこと。
他例　猛攻／攻撃／侵攻

06（コ）
退屈＝物事にあきていやになること。
不屈＝どのような困難にもくじけないこと。
理屈＝筋道の通った考え。
他例　屈指／屈折／屈服

07（ア）
転倒＝逆さになること。ひっくり返ること。
倒壊＝建造物などが倒れてつぶれること。
打倒＝相手を打ち倒すこと。
他例　圧倒／傾倒／倒立

08（ケ）
筆跡＝書かれた文字。個人の文字の書きぐせ。
追跡＝（逃げる者の）あとを追いかけること。
遺跡＝歴史上の建物・事件などのあった跡。
他例　跡形／奇跡／史跡

09（ク）
悲惨＝見るに耐えないほどいたましいこと。
惨劇＝殺人などのむごたらしい出来事。
陰惨＝暗くむごたらしい感じ。
他例　惨事

10（ウ）
威儀＝作法にかなった身のこなし。
儀式＝決まりに従ってやる作法・行事。
流儀＝その人や家の、物事の独特なやり方。
他例　儀礼／行儀／地球儀

熟語の構成のしかたには次のようなものがある。

> ア 同じような意味の漢字を重ねたもの（**身体**）
> イ 反対または対応の意味を表す字を重ねたもの（**軽重**）
> ウ 上の字が下の字を修飾しているもの（**会員**）
> エ 下の字が上の字の目的語・補語になっているもの（**着火**）
> オ 上の字が下の字の意味を打ち消しているもの（**非常**）

次の熟語は、上のどれにあたるか、記号で記せ。

□ 01 濁流 （　　　）

□ 02 難易 （　　　）

□ 03 帰途 （　　　）

□ 04 興亡 （　　　）

□ 05 激怒 （　　　）

□ 06 起稿 （　　　）

□ 07 更衣 （　　　）

□ 08 積載 （　　　）

□ 09 求婚 （　　　）

□ 10 橋脚 （　　　）

合格点	得点
7/10	/10

ここまで
がんばろう！

でる度 ★★★
★★★
★

よく考えて
みよう！

読み

同音・同訓異字

漢字の識別

熟語の構成

部首

対義語・類義語

送り仮名

四字熟語

誤字訂正

書き取り

解答　解説

01 （ ウ ）　濁流　「濁った → 流れ」と考える。

02 （ イ ）　難易　「難しい」 ⟷ 「易しい」と考える。

03 （ ウ ）　帰途　「帰りの → 途（みち）」と考える。

04 （ イ ）　興亡　「おこる」 ⟷ 「ほろびる」と考える。

05 （ ウ ）　激怒　「激しく → 怒る」と考える。

06 （ エ ）　起稿　「書き起こす ← 原稿を」と考える。

07 （ エ ）　更衣　「かえる ← 衣服を」と考える。

08 （ ア ）　積載　どちらも「つむ」の意味。

09 （ エ ）　求婚　「求める ← 結婚を」と考える。

10 （ ウ ）　橋脚　「橋の → 脚」と考える。

熟語の構成のしかたには次のようなものがある。

> ア 同じような意味の漢字を重ねたもの（**身体**）
> イ 反対または対応の意味を表す字を重ねたもの（**軽重**）
> ウ 上の字が下の字を修飾しているもの（**会員**）
> エ 下の字が上の字の目的語・補語になっているもの（**着火**）
> オ 上の字が下の字の意味を打ち消しているもの（**非常**）

次の熟語は、上のどれにあたるか、記号で記せ。

☐ **01** 不惑 （　　　）

☐ **02** 増殖 （　　　）

☐ **03** 予測 （　　　）

☐ **04** 加減 （　　　）

☐ **05** 空欄 （　　　）

☐ **06** 後輩 （　　　）

☐ **07** 指紋 （　　　）

☐ **08** 失脚 （　　　）

☐ **09** 取捨 （　　　）

☐ **10** 退陣 （　　　）

合格点	得点
7/10	/10

ここまでがんばろう！

でる度 ★★★ ★★ ★

読み

同音同訓異字

漢字の識別

熟語の構成

部首

対義語・類義語

送り仮名

四字熟語

誤字訂正

書き取り

よく考えてみよう！

解答　　　　　　　　**解説**

01 （ オ ）　不惑　「惑わない」と考える。

02 （ ア ）　増殖　どちらも「ふえる」の意味。

03 （ ウ ）　予測　「あらかじめ→考える」と考える。

04 （ イ ）　加減　「加える」↔「減らす」と考える。

05 （ ウ ）　空欄　「空の→欄」と考える。

06 （ ウ ）　後輩　「後ろの→仲間」と考える。

07 （ ウ ）　指紋　「指の→紋」と考える。

08 （ エ ）　失脚　「失う←立脚する所を」と考える。

09 （ イ ）　取捨　「取る」↔「捨てる」と考える。

10 （ エ ）　退陣　「退く←陣を」と考える。

熟語の構成のしかたには次のようなものがある。

> ア 同じような意味の漢字を重ねたもの（**身体**）
> イ 反対または対応の意味を表す字を重ねたもの（**軽重**）
> ウ 上の字が下の字を修飾しているもの（**会員**）
> エ 下の字が上の字の目的語・補語になっているもの（**着火**）
> オ 上の字が下の字の意味を打ち消しているもの（**非常**）

次の熟語は、上のどれにあたるか、記号で記せ。

☐ 01 傍線 （　　　）

☐ 02 鈍痛 （　　　）

☐ 03 去来 （　　　）

☐ 04 皮膚 （　　　）

☐ 05 脱帽 （　　　）

☐ 06 平凡 （　　　）

☐ 07 越権 （　　　）

☐ 08 偉業 （　　　）

☐ 09 雅俗 （　　　）

☐ 10 製菓 （　　　）

よく考えて
みよう！

解答 ・ 解説

01 （ ウ ） 傍線（ぼうせん） 「かたわらの→線」と考える。

02 （ ウ ） 鈍痛（どんつう） 「鈍い→痛み」と考える。

03 （ イ ） 去来（きょらい） 「去る」↔「来る」と考える。

04 （ ア ） 皮膚（ひふ） どちらも「おおう膜」の意味。

05 （ エ ） 脱帽（だつぼう） 「脱ぐ←帽子を」と考える。

06 （ ア ） 平凡（へいぼん） どちらも「ふつう」の意味。

07 （ エ ） 越権（えっけん） 「越す←権限を」と考える。

08 （ ウ ） 偉業（いぎょう） 「偉大な→業績」と考える。

09 （ イ ） 雅俗（がぞく） 「上品」↔「下品」と考える。

10 （ エ ） 製菓（せいか） 「製造する←菓子を」と考える。

熟語の構成のしかたには次のようなものがある。

> ア 同じような意味の漢字を重ねたもの （**身体**）
> イ 反対または対応の意味を表す字を重ねたもの （**軽重**）
> ウ 上の字が下の字を修飾しているもの （**会員**）
> エ 下の字が上の字の目的語・補語になっているもの （**着火**）
> オ 上の字が下の字の意味を打ち消しているもの （**非常**）

次の熟語は、上のどれにあたるか、記号で記せ。

□ 01 恐怖 （　　　）

□ 02 城壁 （　　　）

□ 03 因果 （　　　）

□ 04 新鮮 （　　　）

□ 05 迎春 （　　　）

□ 06 存亡 （　　　）

□ 07 歌謡 （　　　）

□ 08 越冬 （　　　）

□ 09 旧姓 （　　　）

□ 10 旧暦 （　　　）

よく考えて
みよう！

読み

同音・同訓異字

漢字の識別

熟語の構成

部首

対義語・類義語

送り仮名

四字熟語

誤字訂正

書き取り

解答　　　**解説**

01 （ ア ）　恐怖　どちらも「こわい」の意味。

02 （ ウ ）　城壁　「城の→壁」と考える。

03 （ イ ）　因果　「原因」←→「結果」と考える。

04 （ ア ）　新鮮　どちらも「あたらしい」の意味。

05 （ エ ）　迎春　「迎える←春を」と考える。

06 （ イ ）　存亡　「あること」←→「ないこと」と考える。

07 （ ア ）　歌謡　どちらも「うた」の意味。

08 （ エ ）　越冬　「越す←冬を」と考える。

09 （ ウ ）　旧姓　「ふるい→姓」と考える。

10 （ ウ ）　旧暦　「ふるい→暦」と考える。

熟語の構成のしかたには次のようなものがある。

> ア 同じような意味の漢字を重ねたもの（**身体**）
> イ 反対または対応の意味を表す字を重ねたもの（**軽重**）
> ウ 上の字が下の字を修飾しているもの（**会員**）
> エ 下の字が上の字の目的語・補語になっているもの（**着火**）
> オ 上の字が下の字の意味を打ち消しているもの（**非常**）

次の熟語は、上のどれにあたるか、記号で記せ。

□ 01 巨大 （　　　）

□ 02 断続 （　　　）

□ 03 呼応 （　　　）

□ 04 荒野 （　　　）

□ 05 豪雨 （　　　）

□ 06 自他 （　　　）

□ 07 授受 （　　　）

□ 08 離陸 （　　　）

□ 09 妙案 （　　　）

□ 10 汚濁 （　　　）

よく考えて
みよう！

読み

同音同訓異字

漢字の識別

熟語の構成

部首

対義語・類義語

送り仮名

四字熟語

誤字訂正

書き取り

解答 / **解説**

01 （ ア ） 巨大 どちらも「おおきい」の意。

02 （ イ ） 断続 「断つ」⟷「続く」と考える。

03 （ イ ） 呼応 「呼ぶ」⟷「応える」と考える。

04 （ ウ ） 荒野 「荒れた→野原」と考える。

05 （ ウ ） 豪雨 「きわだって多い→雨」と考える。

06 （ イ ） 自他 「自分」⟷「他人」と考える。

07 （ イ ） 授受 「授ける」⟷「受ける」と考える。

08 （ エ ） 離陸 「離れる←陸を」と考える。

09 （ ウ ） 妙案 「絶妙な→案」と考える。

10 （ ア ） 汚濁 どちらも「よごれる」の意味。

次の漢字の部首をア〜エから一つ選び、記号を記せ。

□01 監 (ア 臣 イ ノ ウ 二 エ 皿) （　　）

□02 透 (ア 禾 イ ノ ウ 辶 エ 丶) （　　）

□03 薪 (ア 艹 イ 立 ウ 木 エ 斤) （　　）

□04 舞 (ア 二 イ 夕 ウ 舛 エ 十) （　　）

□05 裁 (ア 土 イ 衣 ウ 戈 エ 丶) （　　）

□06 委 (ア ノ イ 禾 ウ 木 エ 女) （　　）

□07 越 (ア 土 イ 走 ウ 厂 エ 戈) （　　）

□08 雄 (ア 一 イ ノ ウ ム エ 隹) （　　）

□09 倒 (ア イ イ 至 ウ 土 エ 刂) （　　）

□10 圏 (ア 囗 イ 口 ウ 二 エ 己) （　　）

解答　　　　　　　解説

01 （ エ ）
さら
[他例] 盗・盤・盆・盛・盟

02 （ ウ ）
しんにょう
[他例] 違・迎・遣・込・途

03 （ ア ）
くさかんむり
[他例] 芋・菓・荒・芝・蓄

04 （ ウ ）
まいあし
[他例] 出題範囲では、舞のみ。

05 （ イ ）
ころも
[他例] 装・製・衣・表

06 （ エ ）
おんな
[他例] 威・姿・妻・女

07 （ イ ）
そうにょう
[他例] 出題範囲では、越と趣と起のみ。

08 （ エ ）
ふるとり
[他例] 雅・雌・離・難・雑

09 （ ア ）
にんべん
[他例] 侵・僧・俗・傍・供

10 （ イ ）
くにがまえ
[他例] 困・因・団・囲・固

読み
同音同訓異字
漢字の識別
熟語の構成
部首
対義語・類義語
送り仮名
四字熟語
誤字訂正
書き取り

次の漢字の部首をア〜エから一つ選び、記号を記せ。

□01 御 (ア彳 イノ ウ止 エ卩) （　　）

□02 歓 (アノ イ隹 ウ欠 エ人) （　　）

□03 裏 (ア亠 イ田 ウ里 エ衣) （　　）

□04 紫 (ア止 イヒ ウ糸 エ小) （　　）

□05 賦 (ア貝 イ貝 ウ弋 エ止) （　　）

□06 躍 (ア𧾷 イロ ウ彳 エ隹) （　　）

□07 劇 (ア一 イ厂 ウ豕 エリ) （　　）

□08 露 (ア一 イ雨 ウ𧾷 エロ) （　　）

□09 隣 (ア阝 イ米 ウタ エ舛) （　　）

□10 屋 (アノ イ尸 ウ一 エ土) （　　）

242

合格点	得点
7/10	/10

解答 / 解説

01 （ ア ）
ぎょうにんべん
[他例] 徴・微・彼・微・従

02 （ ウ ）
あくび・かける
[他例] 欲・欠・次・歌

03 （ エ ）
ころも
[他例] 装・製・衣・表
注意 ⼀（なべぶた・けい さんかんむり）ではない。

04 （ ウ ）
いと
[他例] 系・素・糸

05 （ イ ）
かいへん
[他例] 贈・販・財・貯

06 （ ア ）
あしへん
[他例] 距・跡・跳・踏・踊

07 （ エ ）
りっとう
[他例] 刈・剤・刺・到・則

08 （ イ ）
あめかんむり
[他例] 需・霧・雷・雲・雪

09 （ ア ）
こざとへん
[他例] 陰・陣・降・除・防

10 （ イ ）
かばね・しかばね
[他例] 尽・尾・尺・層・展

読み

同音同訓異字

漢字の識別

熟語の構成

部首

対義語・類義語

送り仮名

四字熟語

誤字訂正

書き取り

次の漢字の部首をア～エから一つ選び、記号を記せ。

□01 騒 (ア 馬 イ 灬 ウ 又 エ 虫) (　　)

□02 繁 (ア 毋 イ 攵 ウ ノ エ 糸) (　　)

□03 井 (ア 一 イ 二 ウ ノ エ ｜) (　　)

□04 再 (ア 一 イ 田 ウ 二 エ 冂) (　　)

□05 即 (ア 日 イ ヽ ウ 卩 エ ｜) (　　)

□06 剣 (ア 入 イ 一 ウ 口 エ リ) (　　)

□07 壊 (ア 土 イ 十 ウ 罒 エ 衣) (　　)

□08 屈 (ア 一 イ 厂 ウ 尸 エ 山) (　　)

□09 襲 (ア 立 イ 月 ウ ㇠ エ 衣) (　　)

□10 延 (ア 廴 イ 止 ウ ト エ ノ) (　　)

解答　　　　　解説

01 （　ア　）
うまへん
[他例] 出題範囲では、騒と駆と験と駅のみ。

02 （　エ　）
いと
[他例] 系・素・糸

03 （　イ　）
に
[他例] 出題範囲では、井と互と五と二のみ。

04 （　エ　）
どうがまえ・けいがまえ・まきがまえ
[他例] 出題範囲では、再と冊と円のみ。

05 （　ウ　）
わりふ・ふしづくり
[他例] 出題範囲では、即と却と卵と印のみ。

06 （　エ　）
りっとう
[他例] 割・刻・創・刊・制

07 （　ア　）
つちへん
[他例] 堤・塔・坊・域・城

08 （　ウ　）
かばね・しかばね
[他例] 展・届・居・属・局

09 （　エ　）
ころも
[他例] 装・製・衣・表

10 （　ア　）
えんにょう
[他例] 出題範囲では、延と建のみ。

読み

同音・同訓異字

漢字の識別

熟語の構成

部首

対義語・類義語

送り仮名

四字熟語

誤字訂正

書き取り

次の漢字の部首をア～エから一つ選び、記号を記せ。

□01 暴 (ア 日 イ 二 ウ ハ エ ｌ) （　　）

□02 甘 (ア 一 イ 凵 ウ 日 エ 甘) （　　）

□03 範 (ア ノ イ 竹 ウ 車 エ 乜) （　　）

□04 翌 (ア 羽 イ 冖 ウ 二 エ 立) （　　）

□05 蒸 (ア 十 イ 艹 ウ 一 エ 灬) （　　）

□06 舟 (ア 舟 イ ノ ウ 一 エ 冂) （　　）

□07 衆 (ア ノ イ 罒 ウ 血 エ イ) （　　）

□08 震 (ア 雨 イ 厂 ウ 辰 エ 二) （　　）

□09 術 (ア 彳 イ 木 ウ 丶 エ 行) （　　）

□10 隠 (ア 阝 イ ノ ウ ⺌ エ 心) （

246

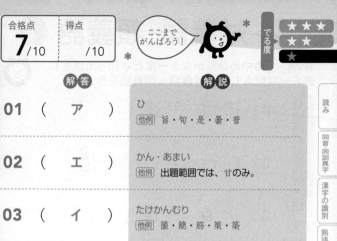

解答　　　　　　　　　**解説**

01　（　ア　）
ひ
他例　旨・旬・是・曇・普

02　（　エ　）
かん・あまい
他例　出題範囲では、甘のみ。

03　（　イ　）
たけかんむり
他例　箇・簡・筋・策・築

04　（　ア　）
はね
他例　出題範囲では、翌と翼と習と羽のみ。

05　（　イ　）
くさかんむり
他例　薄・茂・若・蔵・著

06　（　ア　）
ふね
他例　出題範囲では、舟のみ。

07　（　ウ　）
ち
他例　出題範囲では、衆と血のみ。

08　（　ア　）
あめかんむり
他例　需・霧・雷・雪・電

09　（　エ　）
ぎょうがまえ・ゆきがまえ
他例　出題範囲では、術と衛と街のみ。
注意　イ（ぎょうにんべん）ではない。

10　（　ア　）
こざとへん
他例　障・陛・険・限・際

読み

同音同訓異字

漢字の識別

熟語の構成

部首

対義語・類義語

送り仮名

四字熟語

誤字訂正

書き取り

247

右の□の中のひらがなを一度だけ使って漢字に
直し一字記入して、対義語・類義語を作れ。

対義語

□ 01 追跡 ― 逃（　　　）

□ 02 航行 ―（　　　）泊

□ 03 近海 ― 遠（　　　）

□ 04 歓声 ― 悲（　　　）

□ 05 正統 ―（　　　）端

類義語

□ 06 不意 ―（　　　）然

□ 07 風刺 ―（　　　）肉

□ 08 雑踏 ―（　　　）雑

□ 09 無視 ― 黙（　　　）

□ 10 許可 ― 承（　　　）

い
こん
さつ
てい
とつ
にん
ひ
ぼう
めい
よう

解答

解説

01 逃（亡）
とう（ぼう）

追跡＝（逃げる者の）あとを追いかけること。
逃亡＝逃げて身を隠すこと。

02 （停）泊
（てい）はく

航行＝船や飛行機が航路を行くこと。
停泊＝船がいかりをおろしてとまること。

03 遠（洋）
えん（よう）

近海＝陸地に近い海。その土地に近い海域。
遠洋＝陸地から遠く離れた海。

04 悲（鳴）
ひ（めい）

歓声＝喜びのあまり叫ぶ声。
悲鳴＝恐怖や驚きなどであげる叫び声。

05 （異）端
（い）たん

正統＝同じもとから分かれたものの中で一番中心で正しいとされる系統。
異端＝正統から外れていること。

06 （突）然
（とつ）ぜん

不意＝思いがけないこと。
突然＝だしぬけに。いきなり。

07 （皮）肉
（ひ）にく

風刺＝人物や社会の欠点を遠回しに批評すること。
皮肉＝意地悪く遠回しに非難すること。

08 （混）雑
（こん）ざつ

雑踏＝多くの人で込み合うこと。
混雑＝多くの人や物で込み合うこと。

09 黙（殺）
もく（さつ）

無視＝あってもないように扱うこと。
黙殺＝聞き知っていながら問題にしないこと。

10 承（認）
しょう（にん）

許可＝願いを聞き、ある事柄を許すこと。
承認＝よいと認めて受け入れること。

読み

同音同訓異字

漢字の識別

熟語の構成

部首

対義語・類義語

送り仮名

四字熟語

誤字訂正

書き取り

249

でる度 ★★★ 対義語・類義語 ②

右の□の中のひらがなを一度だけ使って漢字に
直し一字記入して、対義語・類義語を作れ。

対義語

□ 01 執着 ― 断（　　　）

□ 02 不振 ― 好（　　　）

□ 03 受理 ― （　　　）下

□ 04 複雑 ― 単（　　　）

□ 05 誕生 ― （　　　）眠

類義語

□ 06 同等 ― 匹（　　　）

□ 07 憶測 ― （　　　）量

□ 08 改定 ― （　　　）更

□ 09 閉口 ― （　　　）惑

□ 10 苦労 ― （　　　）儀

えい
きゃっ
こん
じゅん
すい
ちょう
てき
なん
ねん
へん

合格点	得点
7/10	/10

ここまで
がんばろう！

でる度 ★★★
★★
★

解答　　　解説

01 断（念）
だん ねん

執着＝物事に固執しとらわれること。
断念＝自分の希望などを、きっぱりとあきらめること。

02 好（調）
こう ちょう

不振＝勢いの振るわないさま。
好調＝物事が思いどおりにうまくいくこと。

03 （却）下
きゃっ か

受理＝願書・届け・訴状などを受け取って処理すること。
却下＝願い出などを退けること。

04 単（純）
たん じゅん

複雑＝事柄が入り組んでいるさま。込み入って面倒なさま。
単純＝仕組みが簡単なさま。

05 （永）眠
えい みん

誕生＝人などが生まれること。
永眠＝死ぬこと。

06 匹（敵）
ひっ てき

同等＝同じ等級・価値。
匹敵＝程度が同じくらいで肩を並べること。

07 （推）量
すい りょう

憶測＝確かな根拠のない、いいかげんな推測。
推量＝推し量ること。

08 （変）更
へん こう

改定＝従来の決まりなどに定められたことの内容を直して新しくすること。
変更＝決まったものを変え改めること。

09 （困）惑
こん わく

閉口＝どうにもならず困ってしまうこと。
困惑＝どうしたらよいか分からずとまどうこと。

10 （難）儀
なん ぎ

苦労＝精神的・肉体的に力を尽くし苦しい思いをすること。
難儀＝苦しむこと。容易ではないこと。

読み

同音同訓異字

漢字の識別

熟語の構成

部首

対義語・類義語

送り仮名

四字熟語

誤字訂正

書き取り

251

右の◻の中のひらがなを一度だけ使って漢字に
直し一字記入して、対義語・類義語を作れ。

対義語

□ 01 冷静 ― 興（　　　）

□ 02 生誕 ― 永（　　　）

□ 03 陰性 ―（　　　）性

□ 04 優良 ― 劣（　　　）

□ 05 攻撃 ―（　　　）備

類義語

□ 06 結束 ―（　　　）結

□ 07 縁者 ―（　　　）類

□ 08 前途 ―（　　　）来

□ 09 出席 ―（　　　）列

□ 10 手腕 ―（　　　）量

| あく |
| ぎ |
| さん |
| しゅ |
| しょう |
| しん |
| だん |
| ふん |
| みん |
| よう |

解答 ・ 解説

読み / 同音・同訓異字 / 漢字の識別 / 熟語の構成 / 部首 / 対義語・類義語 / 送り仮名 / 四字熟語 / 誤字訂正 / 書き取り

01 興（奮）
こう ふん

冷静＝感情に走らず落ち着いていること。
興奮＝感情が高ぶること。

02 永（眠）
えい みん

生誕＝人や動物が生まれること。
永眠＝永遠の眠りにつくこと。死ぬこと。

03 （陽）性
よう せい

陰性＝検査しても反応を示さないこと。
陽性＝検査に対し反応を示すこと。

04 劣（悪）
れつ あく

優良＝品質・成績などが優れていてよいこと。
劣悪＝品質などが劣っていて悪いさま。

05 （守）備
しゅ び

攻撃＝戦い・競技で相手を攻めること。
守備＝戦い・競技で敵の攻撃を防ぎ陣地を守ること。

06 （団）結
だん けつ

結束＝同じ志の者が協力すること。
団結＝多くの人が共通の目的のためにまとまること。

07 （親）類
しん るい

縁者＝血筋や縁組などでつながった一族。
親類＝血筋や婚姻などによって縁がつながっている人。

08 （将）来
しょう らい

前途＝行く先。また、そこから目的地までの道のり。
将来＝これから先。未来。

09 （参）列
さん れつ

出席＝会合や授業などに出ること。
参列＝式などに列席すること。

10 （技）量
ぎ りょう

手腕＝物事を処理する優れた腕前。
技量＝ある物事を行う腕前・技術。

253

右の□の中のひらがなを一度だけ使って漢字に
直し一字記入して、対義語・類義語を作れ。

対義語

□ 01 需要 ―（　　）給

□ 02 存続 ―（　　）絶

□ 03 故意 ―（　　）失

□ 04 定例 ―（　　）時

□ 05 遠方 ―（　　）隣

類義語

□ 06 善戦 ―（　　）闘

□ 07 簡単 ― 平（　　）

□ 08 堤防 ―（　　）手

□ 09 天性 ― 素（　　）

□ 10 根拠 ― 理（　　）

い
か
きょう
きん
けん
しつ
だん
ど
ゆう
りん

解答 / 解説

読み

同音同訓異字

漢字の識別

熟語の構成

部首

対義語・類義語

送り仮名

四字熟語

誤字訂正

書き取り

01 （ 供 ）給
きょう　きゅう

需要＝会社や人などが市場において商品を買おうとする欲求。
供給＝売るために商品を市場に出すこと。

02 （ 断 ）絶
だん　ぜつ

存続＝引き続き存在すること。
断絶＝続いてきたもの、受け継がれてきたものが、絶えること。

03 （ 過 ）失
か　しつ

故意＝わざとすること。
過失＝不注意によるあやまち。

04 （ 臨 ）時
りん　じ

定例＝以前からの定まったやり方。
臨時＝あらかじめ定めた時でなく、その時々の事情に応じて行うこと。

05 （ 近 ）隣
きん　りん

遠方＝遠くのほう。遠い所。
近隣＝となり近所。近辺。

06 （ 健 ）闘
けん　とう

善戦＝強敵に対して全力を尽くしてよくたたかうこと。
健闘＝力いっぱいよくたたかうこと。

07 平（ 易 ）
へい　い

簡単＝分かりやすいこと。込みいっていないこと。
平易＝やさしく分かりやすいこと。

08 （ 土 ）手
ど　て

堤防＝水害を防ぐため、河岸や海岸に沿って築かれた治水構造物。
土手＝川岸に土を積み上げ築いた堤。

09 素（ 質 ）
そ　しつ

天性＝生まれつき持っている性質。
素質＝能力を発揮するもととなる性質。

10 理（ 由 ）
り　ゆう

根拠＝物事のよりどころ。もとになる理由。
理由＝物事がそうなったわけ。いわれ。

右の□の中のひらがなを一度だけ使って漢字に
直し一字記入して、対義語・類義語を作れ。

対義語

□ 01 進撃 ― 退（　　）

□ 02 年頭 ― 歳（　　）

□ 03 不和 ― 円（　　）

□ 04 加盟 ― （　　）退

□ 05 家臣 ― （　　）君

類義語

□ 06 将来 ― 前（　　）

□ 07 皮肉 ― （　　）刺

□ 08 身長 ― 背（　　）

□ 09 承認 ― （　　）可

□ 10 加勢 ― 応（　　）

えん
きゃく
きょ
しゅ
たけ
だっ
と
ふう
まつ
まん

解答　解説

01 退（ 却 ）
進撃＝前進して敵を攻撃すること。
退却＝状況が不利になり、あとへと退くこと。

02 歳（ 末 ）
年頭＝年のはじめ。年始。
歳末＝年の暮れ。年末。

03 円（ 満 ）
不和＝仲が悪いこと。仲たがい。
円満＝人間関係の調和がとれていて、もめごとがなくおだやかなこと。

04 （ 脱 ）退
加盟＝団体や組織などに加わること。
脱退＝所属団体や組織などを辞めること。

05 （ 主 ）君
家臣＝大名などの家に仕える臣下。家来。
主君＝自分の仕えている君主・殿様。

06 前（ 途 ）
将来＝これから先。行く末。
前途＝行く末。また、そこから目的地までの道のり。

07 （ 風 ）刺
皮肉＝意地悪く遠回しに非難すること。
風刺＝社会や人物のあり方を遠回しに批判すること。

08 背（ 丈 ）
身長＝せいの高さ。背丈。
背丈＝せいの高さ。身長。

09 （ 許 ）可
承認＝よいと認めて受け入れること。
許可＝許しを与えること。聞き届けること。 他例 容認―許可

10 応（ 援 ）
加勢＝他の人に力を貸して助けること。
応援＝はげましたり、助けたりすること。

読み

同音・同訓異字

漢字の識別

熟語の構成

部首

対義語・類義語

送り仮名

四字熟語

誤字訂正

書き取り

次の——線のカタカナを漢字一字と送り仮名（ひらがな）に直せ。

□ 01 おまじないを<u>トナエル</u>。　　　（　　　）

□ 02 後ろに大きく胸を<u>ソラス</u>。　　（　　　）

□ 03 人を<u>バカス</u>タヌキの話。　　　（　　　）

□ 04 春の<u>オトズレ</u>を感じる。　　　（　　　）

□ 05 彼には<u>ヒサシク</u>会っていない。（　　　）

□ 06 <u>アキラカニ</u>これは間違いだ。　（　　　）

□ 07 汗をかいたので水分を<u>オギナウ</u>。（　　　）

□ 08 会社の発展を<u>ササエル</u>。　　　（　　　）

□ 09 山の頂上で初日の出を<u>オガム</u>。（　　　）

□ 10 先生の指示に<u>シタガウ</u>。　　　（　　　）

解答 / 解説

01 (唱える)　声に出して言う。声を立てて読む。

02 (反らす)　後ろに反るようにする。弓なりに曲げる。

03 (化かす)　人の心をだまして迷わせる。たぶらかす。

04 (訪れ)　たずねてくること。やってくること。

05 (久しく)　久しい＝長い時間が経過している。

06 (明らかに)　明らか＝疑う余地もなく、だれから見てもはっきりしているさま。明白である。

07 (補う)　不足を満たす。補充する。

08 (支える)　ある状態を維持する。持ちこたえる。

09 (拝む)　左右の手のひらを合わせるなどして神や仏に信心の意を示す。

10 (従う)　反対しないで、そのとおりにする。

次の——線のカタカナを漢字一字と送り仮名（ひらがな）に直せ。

□ **01** すれ違う時に肩が<u>フレル</u>。 （　　　）

□ **02** たき火が<u>サカンニ</u>燃える。 （　　　）

□ **03** 怒りのあまり体が<u>フルエル</u>。 （　　　）

□ **04** その場を立ち去り難を<u>ノガレル</u>。（　　　）

□ **05** 人間関係に頭を<u>ナヤマス</u>。 （　　　）

□ **06** 争いを<u>サケル</u>ために話し合う。 （　　　）

□ **07** 木の後ろにそっと身を<u>カクス</u>。 （　　　）

□ **08** <u>スルドイ</u>きばを持つ動物。 （　　　）

□ **09** 保存食を買い地震に<u>ソナエル</u>。 （　　　）

□ **10** <u>サビシイ</u>道を急いで帰る。 （　　　）

	解答		解説

01（　触れる　）　軽くさわる。あたる。

02（　盛んに　）　勢いが強いさま。

03（　震える　）　細かくゆれ動く。振動する。

04（　逃れる　）　つかまらないように逃げる。

05（　悩ます　）　悩むようにする。苦しめる。

06（　避ける　）　好ましくない物事や場所から意識して遠ざかる。

07（　隠す　）　人に見つからないようにする。

08（　鋭い　）　先がとがっているさま。

09（　備える　）　これから先の事態に対応できるように準備しておく。

10（　寂しい　）　人影や物音がなく、ひっそりと静かで心細い。

読み

同音・同訓異字

漢字の識別

熟語の構成

部首

対義語・類義語

送り仮名

四字熟語

誤字訂正

書き取り

次の四字熟語の（　）のカタカナを漢字に直し、一字記せ。

□ 01　薄（ リ ）多売

□ 02　自（ ガ ）自賛

□ 03　（ ム ）味乾燥

□ 04　牛飲（ バ ）食

□ 05　疑心（ アン ）鬼

□ 06　率先（ スイ ）範

□ 07　意味深（ チョウ ）

□ 08　大義名（ ブン ）

□ 09　大（ キ ）晩成

□ 10　（ ユ ）断大敵

解答 / 解説

01 薄(利)多売
利益を少なくして品物を多量に売り、全体として利益を上げること。

02 自(画)自賛
自分で自分のことをほめること。
他例 「賛」が出題されることもある。

03 (無)味乾燥
何のおもしろみもうるおいもないこと。また、そのさま。
他例 「味」が出題されることもある。

04 牛飲(馬)食
大いに飲み食いをすること。また、人並み以上にむやみに飲み食いすること。
他例 「牛」が出題されることもある。

05 疑心(暗)鬼
何でもないことまで不安になり信じられなくなること。
他例 「疑」が出題されることもある。

06 率先(垂)範
自ら進んで手本を示すこと。
他例 「率」が出題されることもある。

07 意味深(長)
言外に他の意味を含んでいるさま。
他例 「深」が出題されることもある。

08 大義名(分)
行動のよりどころとなる正当な理由。
他例 「義」が出題されることもある。

09 大(器)晩成
大人物は普通の人よりも遅れて大成すること。
他例 「晩」が出題されることもある。

10 (油)断大敵
油断は失敗を引き起こすもとになるから、大きな敵と考えるべきだということ。
他例 「断」「敵」が出題されることもある。

読み／同音同訓異字／漢字の識別／熟語の構成／部首／対義語・類義語／送り仮名／四字熟語／誤字訂正／書き取り

次の四字熟語の（　）のカタカナを漢字に直し、一字記せ。

□ 01 （　ウン　）散霧消

□ 02 （　キ　）死回生

□ 03 （　シン　）賞必罰

□ 04 闘（　シ　）満満

□ 05 空前（　ゼツ　）後

□ 06 天（　サイ　）地変

□ 07 同工（　イ　）曲

□ 08 即断即（　ケツ　）

□ 09 一日千（　シュウ　）

□ 10 （　アオ　）息吐息

解答 ／ 解説

01 （雲）散霧消

> うん さん む しょう

雲が散り、霧が消えるように、跡形もなく消えてしまうこと。
他例「散」「消」が出題されることもある。

02 （起）死回生

> き し かいせい

ほろびかかっているもの、敗北しかかっているものなどを立て直すこと。
他例「死」「回」が出題されることもある。

03 （信）賞必罰

> しん しょうひつばつ

賞すべき功労のある者には必ず賞を与え、罪を犯した者は必ず罰すること。
他例「賞」「必」が出題されることもある。

04 闘（志）満満

> とう し まんまん

たたかおうとする気持ちがみなぎっていること。

05 空前（絶）後

> くうぜん ぜっ ご

過去にもなく、未来にもそれと同じようなことはないだろうと思われること。

06 天（災）地変

> てん さい ち へん

地震・大水などの、自然現象によって起こる災害。

07 同工（異）曲

> どうこう い きょく

見かけが違うだけで、中身は同じであること。また、詩文などの技巧は同じだが、趣が異なること。

08 即断即（決）

> そくだんそく けつ

すぐその場で決めること。
他例「断」が出題されることもある。

09 一日千（秋）

> いちじつせん しゅう

一日が千年のように非常に長く思われること。非常に待ち遠しいこと。「いちにちせんしゅう」とも読む。

10 （青）息吐息

> あお いき と いき

ひどく困り苦しんでつくため息。

読み｜同音同訓異字｜漢字の識別｜熟語の構成｜部首｜対義語・類義語｜送り仮名｜**四字熟語**｜誤字訂正｜書き取り

次の各文にまちがって使われている同じ読みの漢字が
一字ある。左に誤字を、右に正しい漢字を記せ。

□ 01 経済危機で貧困に苦しむ国に物資を提教する
ことを呼びかける。

誤（　　）⇒ 正（　　）

□ 02 子育てに適した環境と評判が良く、若い世代
の人口が増化している。

誤（　　）⇒ 正（　　）

□ 03 戦争を体件した世代が減っていく中、風化さ
せずに語り継ぐことが大切だ。

誤（　　）⇒ 正（　　）

□ 04 太陽を観察する際は、ら眼で直写日光を見な
いなどの注意を要する。

誤（　　）⇒ 正（　　）

□ 05 予算案の成立に向け激しさを増す政治の動勢
を記者たちが丹念に追う。

誤（　　）⇒ 正（　　）

□ 06 創立十周年の記念式展では議員が出席して祝
辞を述べる予定だ。

誤（　　）⇒ 正（　　）

□ 07 適度な運動と野菜中心の食事は健康への好果
があると言われる。

誤（　　）⇒ 正（　　）

□ 08 買い物をする時は、食品添化物の表示を必ず
見るようにしている。

誤（　　）⇒ 正（　　）

合格点	得点
6/8	/8

ここまで
がんばろう！

でる度 ★★★
★★
★

解答

	誤		正

解説

01 （ 教 ）⇒（ 供 ）

ていきょう
提供＝他の人々の役に立てるために差し出すこと。

02 （ 化 ）⇒（ 加 ）

ぞうか
増加＝物の数量がふえること。

03 （ 件 ）⇒（ 験 ）

たいけん
体験＝自分で実際に経験すること。

04 （ 写 ）⇒（ 射 ）

ちょくしゃ
直射＝光線などがまともに照らすこと。じかに照りつけること。

05 （ 勢 ）⇒（ 静 ）

どうせい
動静＝人や物事のようすや動き。ありさま。

06 （ 展 ）⇒（ 典 ）

しきてん
式典＝式。儀式。

07 （ 好 ）⇒（ 効 ）

こうか
効果＝効き目。よい結果。

08 （ 化 ）⇒（ 加 ）

てんか
添加＝ある物に何かを付け加えること。添えること。

読み

同音・同訓異字

漢字の識別

熟語の構成

部首

対義語・類義語

送り仮名

四字熟語

誤字訂正

書き取り

267

次の各文にまちがって使われている同じ読みの漢字が
一字ある。左に誤字を、右に正しい漢字を記せ。

□ 01 町内会の行事の日程と詳細を知らせるため、近所に回欄板を届ける。

誤（　　）⇒ 正（　　）

□ 02 微力ながら勢一杯尽力して、町おこし事業の成功に寄与した。

誤（　　）⇒ 正（　　）

□ 03 災害に対する心構えを持つことで、非常事態にも落ち着いて対所できる。

誤（　　）⇒ 正（　　）

□ 04 日本人選手として十年ぶりに予選突破の快拠を成しとげて称賛された。

誤（　　）⇒ 正（　　）

□ 05 夫婦で不にん治療に取り組んだ結果、対望の第一子を授かった。

誤（　　）⇒ 正（　　）

□ 06 日本の伝党的な食文化として、和食は無形文化遺産に指定されている。

誤（　　）⇒ 正（　　）

□ 07 午後五時以向は特に予定が入っていないので、駅前で会いましょう。

誤（　　）⇒ 正（　　）

□ 08 遊びのさそいを一再断って試験勉強に専念し、見事に合格する。

誤（　　）⇒ 正（　　）

ここまで
がんばろう！

解答

解説

01 誤（ 欄 ）⇒ 正（ 覧 ）
回覧（かいらん）=順に回して見ること。

02 （ 勢 ）⇒（ 精 ）
精一杯（せいいっぱい）=力の限り物事をするさま。

03 （ 所 ）⇒（ 処 ）
対処（たいしょ）=ある事柄・状況に合わせて適当な処置をとること。

04 （ 拠 ）⇒（ 挙 ）
快挙（かいきょ）=胸のすくようなすばらしい行い。

05 （ 対 ）⇒（ 待 ）
待望（たいぼう）=あることを待ちこがれること。

06 （ 党 ）⇒（ 統 ）
伝統（でんとう）=古くから受け継がれてきた風習・しきたり・様式。

07 （ 向 ）⇒（ 降 ）
以降（いこう）=（基準の時を含めて）それからあと。以後。

08 （ 再 ）⇒（ 切 ）
一切（いっさい）=あるものすべて。全部。

読み

同音同訓異字

漢字の識別

熟語の構成

部首

対義語・類義語

送り仮名

四字熟語

誤字訂正

書き取り

次の各文にまちがって使われている同じ読みの漢字が
一字ある。左に誤字を、右に正しい漢字を記せ。

□ 01
火山灰が広い範位にわたって降り注ぎ、家屋
の倒壊などを引き起こした。

誤（　　）⇒ 正（　　）

□ 02
夏休みを利用して地域の文化剤の保護活動に
積極的に参加する。

誤（　　）⇒ 正（　　）

□ 03
集団心理を研究調査した報告書を簡結にまと
めて提出する。

誤（　　）⇒ 正（　　）

□ 04
農作物の生産量が限少している現状を踏まえ
政府が支援に乗り出す。

誤（　　）⇒ 正（　　）

□ 05
資源の採掘による侵刻な環境被害が報道され
抗議デモが本格化する。

誤（　　）⇒ 正（　　）

□ 06
荷物には視定された所から搬入するようにと
注意書きが添えられていた。

誤（　　）⇒ 正（　　）

□ 07
出版されるとたちまち評番となり、数か国語
にほん訳されて話題を集めた。

誤（　　）⇒ 正（　　）

□ 08
日常生活の中で正しい姿勢を維示して腰痛や
肩こりの予防を心がける。

誤（　　）⇒ 正（　　）

ここまで
がんばろう！

でる度 ★★★
★★
★

読み

同音・同訓異字

漢字の識別

熟語の構成

部首

対義語・類義語

送り仮名

四字熟語

誤字訂正

書き取り

	解答			解説
	誤		正	
01	(位)	⇒	(囲)	範囲=ある一定の限られた広がり。ある区域。
02	(剤)	⇒	(財)	文化財=文化活動によってうみだされた、価値あるもの。
03	(結)	⇒	(潔)	簡潔=簡単でよくまとまっていること。
04	(限)	⇒	(減)	減少=減って少なくなること。
05	(侵)	⇒	(深)	深刻=事態がさし迫って重大なさま。
06	(視)	⇒	(指)	指定=たくさんの中から、特別にそれと決めること。
07	(番)	⇒	(判)	評判=世間のうわさ。また、世間の関心の的であること。
08	(示)	⇒	(持)	維持=持ちこたえること。同じ状態を保ち続けること。

次の各文にまちがって使われている同じ読みの漢字が
一字ある。左に誤字を、右に正しい漢字を記せ。

□ 01 森林を切り開くことは禁止され、林業に従事
していた作業員は森林保互官となった。

誤（　　） ⇒ 正（　　）

□ 02 大雨により堤防が決壊し、装定していた範囲
をこえて浸水が広がった。

誤（　　） ⇒ 正（　　）

□ 03 せっかく進めてきた計画が中止となり、それ
までの努力は途労に帰した。

誤（　　） ⇒ 正（　　）

□ 04 低脂肪の日本料理は健好によい食事として諸
外国にも人気がある。

誤（　　） ⇒ 正（　　）

□ 05 環協条件の悪化により川の魚が激減し、市は
その対策に乗り出した。

誤（　　） ⇒ 正（　　）

□ 06 連絡が途絶えていた親友から久しぶりに近況
を伝える頼りが届いた。

誤（　　） ⇒ 正（　　）

□ 07 その冒険家は旅の様子をたくさんの印承深い
写真で細やかに記録した。

誤（　　） ⇒ 正（　　）

□ 08 小さいころから生き物の世話が得意なので学
級会で試育係に立候補した。

誤（　　） ⇒ 正（　　）

解答

解説

	誤		正	

01 （ 互 ）⇒（ 護 ）
保護＝外からの危険・破壊などから守ること。

02 （ 装 ）⇒（ 想 ）
想定＝ある状況や条件などを仮に考えること。

03 （ 途 ）⇒（ 徒 ）
徒労＝むだな骨折り。

04 （ 好 ）⇒（ 康 ）
健康＝からだの具合。

05 （ 協 ）⇒（ 境 ）
環境＝人間や生物を取り巻き、影響を与えると考えられる外界。

06 （ 頼 ）⇒（ 便 ）
便り＝手紙。音信。知らせ。

07 （ 承 ）⇒（ 象 ）
印象＝人間の心に対象が与える直接的な感じ。

08 （ 試 ）⇒（ 飼 ）
飼育＝馬や牛・鳥などを飼って育てること。

読み
同音・同訓異字
漢字の識別
熟語の構成
部首
対義語・類義語
送り仮名
四字熟語
誤字訂正
書き取り

次の各文にまちがって使われている同じ読みの漢字が
一字ある。左に誤字を、右に正しい漢字を記せ。

□ 01 高原にある非暑地の旅館から望む山脈の主峰には雪が残っている。

誤（　　）⇒ 正（　　）

□ 02 公共機関利用の利弁性向上のため市が巡回バスを運行している。

誤（　　）⇒ 正（　　）

□ 03 正確な情報を収集せずに億測だけで重要な判断をするのは極めて危険だ。

誤（　　）⇒ 正（　　）

□ 04 西洋の貴族と平民の悲しみを題材にした著名な交協曲が演奏された。

誤（　　）⇒ 正（　　）

□ 05 地元に古くから続く伝統芸能を次の世代に経承していく役目がある。

誤（　　）⇒ 正（　　）

□ 06 漁獲高が減少している魚種では、養植技術の早い確立が望まれている。

誤（　　）⇒ 正（　　）

□ 07 即興劇では演劇の台本や打ち合わせがなく、音楽も即興で演送される。

誤（　　）⇒ 正（　　）

□ 08 予想に反して事態は深刻化し、当初の偉勢も影をひそめている。

誤（　　）⇒ 正（　　）

解答　解説

読み

同音同訓異字

漢字の識別

熟語の構成

部首

対義語・類義語

送り仮名

四字熟語

誤字訂正

書き取り

01 (非) ⇒ (避)

避暑地＝暑さを避けるために一時的に訪れるすずしい土地。

02 (弁) ⇒ (便)

利便性＝便利であること。また、便利さの程度。

03 (億) ⇒ (憶)

憶測＝確かな根拠のない、いいかげんな推測。

04 (協) ⇒ (響)

交響曲＝管弦楽で演奏するための大規模な曲。

05 (経) ⇒ (継)

継承＝地位・財産・権利・義務などを受け継ぐこと。

06 (植) ⇒ (殖)

養殖＝水産物を人工的に養いふやすこと。

07 (送) ⇒ (奏)

演奏＝音楽を奏すること。

08 (偉) ⇒ (威)

威勢＝人をおそれ従わせる勢い。

次の——線のカタカナを漢字に直せ。

□ 01 友達と<u>コウゴ</u>にパスを出す。　（　　　）

□ 02 <u>サイテキ</u>の方法を見つける。　（　　　）

□ 03 返事を<u>ホリュウ</u>にする。　（　　　）

□ 04 世界記録を<u>コウシン</u>した。　（　　　）

□ 05 改めて有罪を<u>センコク</u>される。　（　　　）

□ 06 案を出し合い計画を<u>ネ</u>った。　（　　　）

□ 07 素早い対応で危機を<u>スク</u>った。　（　　　）

□ 08 遠方の友人から手紙が<u>トド</u>く。　（　　　）

□ 09 応援に選手たちが<u>フル</u>い立つ。　（　　　）

□ 10 支出の<u>ウチワケ</u>を公表する。　（　　　）

読み

同音・同訓異字

漢字の識別

熟語の構成

部首

対義語・類義語

送り仮名

四字熟語

誤字訂正

書き取り

解答 / 解説

01 (交互)
代わる代わるすること。
他例 互角・相互

02 (最適)
いちばん適しているさま。

03 (保留)
その場ですぐに決めてしまわず、そのまま少しとめておくこと。

04 (更新)
新しく改めること。
他例 更衣室・変更

05 (宣告)
刑事事件で、裁判長が判決を言い渡すこと。
他例 宣伝

06 (練)
練る＝計画などを念入りにつくっていく。

07 (救)
救う＝危険な状態から抜け出させる。助ける。

08 (届)
届く＝（送ったものが）目的の所に着く。

09 (奮)
奮い立つ＝気力が高まって勇みたつ。

10 (内訳)
全体の金額や数量を項目ごとに分けること。また、そのように分けたもの。

次の——線のカタカナを漢字に直せ。

□ 01 <u>ドウメイ</u>国と歩調を合わせる。　（　　　　）

□ 02 <u>ゴウカイ</u>なホームランを打つ。　（　　　　）

□ 03 環境と<u>シゲン</u>を大切にする。　（　　　　）

□ 04 私の<u>ケンゲン</u>で承認する。　（　　　　）

□ 05 昨年度の<u>ジッセキ</u>を上回る。　（　　　　）

□ 06 この程度の謝罪で<u>ス</u>む訳がない。（　　　　）

□ 07 彼は部下の<u>アツカ</u>いが上手い。　（　　　　）

□ 08 <u>マドベ</u>に座って外をながめる。　（　　　　）

□ 09 <u>ハナゾノ</u>に足を踏み入れる。　（　　　　）

□ 10 組織の不正を<u>オオヤケ</u>にする。（　　　　）

解答　　　　　**解説**

読み

同音同訓異字

漢字の識別

熟語の構成

部首

対義語・類義語

送り仮名

四字熟語

誤字訂正

書き取り

01 （　同盟　）

国家などがそれぞれの間で共通の目的のために同じ行動をとると約束すること。
他例 連盟・加盟

02 （　豪快　）

規模が大きくて力強く、気持ちのよいさま。
他例 豪雨・豪雪

03 （　資源　）

産業の原材料となる天然自然のもの。鉱物・森林・水力など。

04 （　権限　）

個人が行使することのできる権利・権力の範囲。

05 （　実績　）

仕事などの上で、実際に示された成果・功績。

06 （　済　）

済む＝物事が終わる。他人に対して申し訳が立つ。

07 （　扱　）

扱い＝たいぐう・応対のしかた。

08 （　窓辺　）

窓のそば。

09 （　花園　）

草花を多く植えてある園。

10 （　公　）

公にする＝公表する。一般の人々に発表する。

でる度 ★★★

書き取り③

次の——線のカタカナを漢字に直せ。

□ 01 父の発言はシゴクもっともだ。（　　）

□ 02 センゾクのコーチと練習する。（　　）

□ 03 多額のイサンを相続する。（　　）

□ 04 汚れがよく落ちるセンザイだ。（　　）

□ 05 ロクオンしたテープを再生する。（　　）

□ 06 カラマワりの議論が続いている。（　　）

□ 07 約束を破ったことをセめる。（　　）

□ 08 楽団の指揮者をツトめる。（　　）

□ 09 雨のスイテキが屋根から落ちる。（　　）

□ 10 羊毛でオった敷物を入手する。（　　）

	解答		解説
01	(至極)		この上なく。全く。 [他例] 至急
02	(専属)		ある一つの団体にだけ所属し、他に所属しないこと。 [他例] 専念
03	(遺産)		死後に残された財産。 [他例] 遺言
04	(洗剤)		洗たくなどに使う石けんや合成洗剤などの表面活性剤の総称。
05	(録音)		レコード・テープ・フィルムなどに音を記録すること。
06	(空回)		空回り＝物事が目的からはずれて、むだに行われていること。
07	(責)		責める＝とがめる。非難する。なじる。
08	(務)		務める＝役目・役割を受け持つ。
09	(水滴)		しずく。水のしたたり。 [他例] 点滴・一滴
10	(織)		織る＝糸を機にかけ、縦糸と横糸を組み合わせて布をつくる。

読み

同音・同訓異字

漢字の識別

熟語の構成

部首

対義語・類義語

送り仮名

四字熟語

誤字訂正

書き取り

次の――線のカタカナを漢字に直せ。

□ **01** <u>キョウレツ</u>なパンチが持ち味だ。（　　　）

□ **02** <u>ドキョウ</u>のいい若者をさがす。　（　　　）

□ **03** 書類の最後に<u>ショメイ</u>をする。　（　　　）

□ **04** ドーナツに<u>サトウ</u>を振りかける。（　　　）

□ **05** <u>セツヤク</u>して留学資金を貯める。（　　　）

□ **06** 赤い毛糸でマフラーを<u>ア</u>む。　　（　　　）

□ **07** 助けを求める<u>サケ</u>び声が聞こえる。（　　　）

□ **08** 雨不足でダムの貯水量が<u>へ</u>った。（　　　）

□ **09** 道端のお地蔵さんを<u>オガ</u>む。　　（　　　）

□ **10** 捨てられた犬を<u>カ</u>って育てる。　（　　　）

	解答		解説
01	(強烈)		力・刺激が強く激しいこと。 他例 熱烈
02	(度胸)		物事に動じない強い心。
03	(署名)		自分の氏名を書き記すこと。
04	(砂糖)		サトウキビやサトウダイコンからつくったあまみの強いもの。
05	(節約)		労力・エネルギー・時間などを切り詰めおさえること。
06	(編)		編む＝糸などを互い違いに組み合わせて物をつくる。
07	(叫)		叫び声＝大きく張りあげる声。
08	(減)		減る＝量・数・程度が少なくなる。
09	(拝)		拝む＝左右の手のひらを合わせるなどして神や仏に祈る。
10	(飼)		飼う＝動物にえさと場所を与えて養い育てる。

読み ｜ 同音同訓異字 ｜ 漢字の識別 ｜ 熟語の構成 ｜ 部首 ｜ 対義語・類義語 ｜ 送り仮名 ｜ 四字熟語 ｜ 誤字訂正 ｜ 書き取り

283

次の――線のカタカナを漢字に直せ。

□ 01 生存キョウソウを勝ち抜く。 （　　　　）

□ 02 カステラをキントウに分ける。 （　　　　）

□ 03 おみくじでキョウを引いた。 （　　　　）

□ 04 仏のケシンと称される高僧。 （　　　　）

□ 05 テイデンで不便な生活を送る。 （　　　　）

□ 06 久々に恩師の家をオトズれた。 （　　　　）

□ 07 教科書にソって授業を進める。 （　　　　）

□ 08 輝かしい実績をホコる。 （　　　　）

□ 09 急に無理と言われてもコマる。 （　　　　）

□ 10 朝礼で校長が訓示をタれる。 （　　　　）

解答 **解説**

01 (競争)
せいぞんきょうそう
生存競争＝人間社会で、生活や地位の存続を巡って生じる争い。

02 (均等)
みな等しいさま。平等。

03 (凶)
運が悪い。ふきつ。

04 (化身)
神や仏が姿を変えてこの世に現れてきたもの。また、生まれ変わり。

05 (停電)
電気の供給が一時止まること。また、それにより電灯が消えること。

06 (訪)
訪れる＝訪問する。たずねる。

07 (沿)
沿う＝定められた物事に従う。

08 (誇)
誇る＝誇示すべき状態であることを名誉に思う。

09 (困)
困る＝処置・判断ができず苦しむ。

10 (垂)
垂れる＝目上の人が目下の人に示す。

読み

同音・同訓異字

漢字の識別

熟語の構成

部首

対義語・類義語

送り仮名

四字熟語

誤字訂正

書き取り

285

次の――線のカタカナを漢字に直せ。

□ **01** 災害タイサク本部を設置する。 （　　　　）

□ **02** 童話をロウドクして聞かせる。 （　　　　）

□ **03** ナンカイな問題に悪戦苦闘する。（　　　　）

□ **04** チョウのウカを観察する。 （　　　　）

□ **05** ビルの出入り口はヘイサした。 （　　　　）

□ **06** 台風のため開会がアヤぶまれる。（　　　　）

□ **07** 問題を残したままここにイタる。（　　　　）

□ **08** オソザきの桜が見ごろだ。 （　　　　）

□ **09** 選手がワレサキに飛び出す。 （　　　　）

□ **10** 着飾ったスガタを写真に収める。（　　　　）

合格点
7/10

得点
/10

ここまで
がんばろう！

でる度 ★★★
★★
★

	解答		解説	

01 (対策)

物事の成り行きなどに応じてとる手段・方法。
他例 得策

02 (朗読)

詩や文章などを声に出して読み上げること。
他例 明朗

03 (難解)

難しいこと。分かりにくいこと。
他例 難関

04 (羽化)

こん虫が成虫になること。
他例 羽毛

05 (閉鎖)

出入り口などを閉ざすこと。
他例 鎖国・連鎖

06 (危)

危ぶむ＝あぶないと思う。心配して気にかける。

07 (至)

至る＝ある状態・段階になる。

08 (遅咲)

遅咲き＝同類のものより時期が遅れて花が咲くこと。

09 (我先)

我先に＝先を争って。

10 (姿)

からだの格好。からだつき。

読み

同音・同訓異字

漢字の識別

熟語の構成

部首

対義語・類義語

送り仮名

四字熟語

誤字訂正

書き取り

次の――線のカタカナを漢字に直せ。

□ **01** 足で大地の<u>カンショク</u>を確かめる。（　　　）

□ **02** 手紙の<u>ヒッセキ</u>を鑑定する。　（　　　）

□ **03** 生徒の家庭を<u>ホウモン</u>する。　（　　　）

□ **04** 早起きの<u>シュウカン</u>をつける。（　　　）

□ **05** <u>サイガイ</u>時のために訓練をする。（　　　）

□ **06** 新しい学説を<u>トナ</u>える。　（　　　）

□ **07** 納屋に<u>タワラ</u>を積み上げる。　（　　　）

□ **08** 生徒会の会長に彼女を<u>オ</u>す。　（　　　）

□ **09** その仕事は君に<u>マカ</u>せる。　（　　　）

□ **10** あわやのところで難を<u>ノガ</u>れた。（　　　）

ここまで
がんばろう！

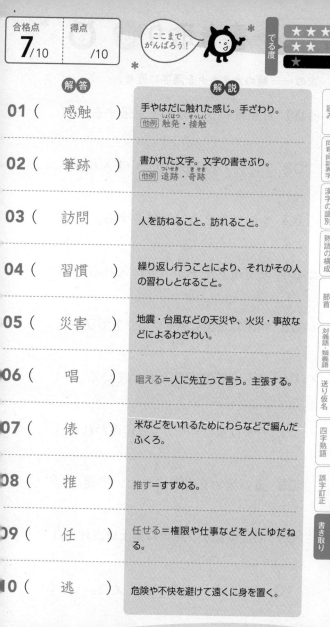

でる度 ★★★
★★
★

解答　　　　　　　解説

01 (感触)
手やはだに触れた感じ。手ざわり。
他例 触発・接触

02 (筆跡)
書かれた文字。文字の書きぶり。
他例 追跡・奇跡

03 (訪問)
人を訪ねること。訪れること。

04 (習慣)
繰り返し行うことにより、それがその人の習わしとなること。

05 (災害)
地震・台風などの天災や、火災・事故などによるわざわい。

06 (唱)
唱える＝人に先立って言う。主張する。

07 (俵)
米などをいれるためにわらなどで編んだふくろ。

08 (推)
推す＝すすめる。

09 (任)
任せる＝権限や仕事などを人にゆだねる。

10 (逃)
危険や不快を避けて遠くに身を置く。

読み

同音・同訓異字

漢字の識別

熟語の構成

部首

対義語・類義語

送り仮名

四字熟語

誤字訂正

書き取り

次の――線のカタカナを漢字に直せ。

□ **01** 日照権の<u>シンガイ</u>を主張する。（　　　　）

□ **02** <u>エンジン</u>を組んで気合いを入れる。（　　　　）

□ **03** 冬山で<u>タイカン</u>訓練をする。（　　　　）

□ **04** 家財道具を<u>テイトウ</u>に入れる。（　　　　）

□ **05** 新記録を出し<u>キャッコウ</u>を浴びる。（　　　　）

□ **06** 自ら交際範囲を<u>セバ</u>めている。（　　　　）

□ **07** 月末は家計のやり<u>クリ</u>に追われる。（　　　　）

□ **08** 重い荷物を<u>カタ</u>にかついで運ぶ。（　　　　）

□ **09** 石油製品が<u>ノキナ</u>み値上げされる。（　　　　）

□ **10** めずらしい虫を<u>ツカ</u>まえた。（　　　　）

	解答		解説	

01 (侵害)　他人の権利・利益などを不当にうばった
り損なったりすること。
他例 侵入・侵犯

02 (円陣)　大勢の人がまるく輪になって並ぶこと。
他例 退陣

03 (耐寒)　寒さに耐えること。
他例 耐火・耐震

04 (抵当)　借金の際、返せない場合の保証として貸
し手に差し出す財産や権利。
他例 抵抗・抵触

05 (脚光)　脚光を浴びる＝世間の注目の的になる。

06 (狭)　狭める＝広がりを狭くする。また、へだ
たりを小さくする。
他例 手狭

07 (繰)　やり繰り＝いろいろ工夫して都合をつけ
ること。

08 (肩)　腕とからだをつなぐ部分。
他例 肩書き・肩車

09 (軒並)　軒並み＝どれもこれも。どこも。
他例 軒下

10 (捕)　捕まえる＝逃げようとするものをとりお
さえる。

読み／同音・同訓異字／漢字の識別／熟語の構成／部首／対義語・類義語／送り仮名／四字熟語／誤字訂正／書き取り

次の――線のカタカナを漢字に直せ。

□ 01 議場は<u>ドゴウ</u>とやじに包まれた。(　　　　)

□ 02 <u>コンキョ</u>のない話に振り回される。(　　　　)

□ 03 湖の水が<u>トウメイ</u>できれいだ。(　　　　)

□ 04 会場は大勢の人で<u>マンパイ</u>だ。(　　　　)

□ 05 <u>キハク</u>にあふれる演技をする。(　　　　)

□ 06 目標は達成される<u>ミコ</u>みだ。(　　　　)

□ 07 <u>ムラサキイロ</u>の花を数本買う。(　　　　)

□ 08 たばこの<u>ケムリ</u>がただよう。(　　　　)

□ 09 お正月はお<u>ゾウニ</u>が楽しみだ。(　　　　)

□ 10 <u>オモムキ</u>のある庭園。(　　　　)

解答　　　　　　　　**解説**

01（　怒号　）　怒ってさけぶこと。どなること。
他例 激怒・怒気

02（　根拠　）　物事のよりどころ。もとになる理由。

03（　透明　）　すきとおっていること。
他例 浸透・透過

04（　満杯　）　入れ物や場所がこれ以上入らないほど、いっぱいになること。
他例 乾杯・祝杯

05（　気迫　）　何物も恐れず立ち向かう強い精神力。
他例 圧迫・迫害

06（　見込　）　見込み＝たぶんこうなるだろうという予想。

07（　紫色　）　赤と青の中間色。

08（　煙　）　物が燃えるときに立ちのぼる気体。

09（　雑煮　）　野菜や鳥肉を具にしたしるにもちを入れたもの。おもに新年を祝って食べる。
他例 煮物

10（　趣　）　しみじみとした味わい。風情。

読み

同音同訓異字

漢字の識別

熟語の構成

部首

対義語・類義語

送り仮名

四字熟語

誤字訂正

書き取り

次の──線のカタカナを漢字に直せ。

□ 01 子孫の<u>ハンエイ</u>を願う。　　　（　　　　）

□ 02 常に<u>ニュウワ</u>な笑顔で接する。（　　　　）

□ 03 台風が<u>モウイ</u>を振るった。　　（　　　　）

□ 04 学位の<u>ジュヨ</u>式を挙行する。　（　　　　）

□ 05 地元に伝わる<u>ミンヨウ</u>を習う。（　　　　）

□ 06 <u>タタミ</u>の部屋がある宿が人気だ。（　　　　）

□ 07 体の一部が土に<u>フ</u>れると負けだ。（　　　　）

□ 08 <u>キタナ</u>い手で触らないでください。（　　　　）

□ 09 あまりの怖さに手が<u>フル</u>えた。　（　　　　）

□ 10 木々が芽を<u>フ</u>く季節になった。　（　　　　）

	解答	解説
01	（ 繁栄 ）	栄えて発展すること。 他例 繁茂
02	（ 柔和 ）	性質や表情が優しくおだやかなさま。 他例 柔道・柔弱
03	（ 猛威 ）	はげしい威力。すさまじい勢い。 他例 猛暑
04	（ 授与 ）	授け与えること。 他例 賦与
05	（ 民謡 ）	民衆の中から生まれ伝えられてきた、生活感情を歌った歌謡。 他例 歌謡・童謡
06	（ 畳 ）	わらをしんにして、畳表でおおった和室用の厚い敷物。 他例 畳替え
07	（ 触 ）	触れる＝物の表面に軽くさわる。 他例 手触り
08	（ 汚 ）	汚い＝よごれていて、それに触れたくない気持ちを起こさせるさま。
09	（ 震 ）	震える＝細かくゆれ動く。
10	（ 吹 ）	吹く＝芽などが出る。

次の──線のカタカナを漢字に直せ。

□ 01 交通事故を**モクゲキ**した。 （　　　　）

□ 02 病気を治すのが**イリョウ**です。 （　　　　）

□ 03 **ヒレン**の物語を読んで涙する。 （　　　　）

□ 04 美術館で絵画を**カンショウ**する。（　　　　）

□ 05 **シンケン**な表情で話を聞く。 （　　　　）

□ 06 深夜の電話に**ムナサワ**ぎがした。（　　　　）

□ 07 増税分が消費者に**ハ**ね返る。 （　　　　）

□ 08 旅行先の花畑でヒナゲシを**ツ**む。（　　　　）

□ 09 母親が赤ん坊に**ソ**い寝している。（　　　　）

□ 10 ゆっくりと息を**ハ**いて目を閉じる。（　　　　）

	解答		解説

01 (目撃)　現場に居合わせて実際に見ること。

02 (医療)　医術・医薬で病気を治療すること。
他例 治療・療法

03 (悲恋)　思いがとげられず悲しい結果に終わる恋。
他例 失恋

04 (鑑賞)　芸術作品などを味わうこと。
他例 印鑑・図鑑

05 (真剣)　まじめに物事に対するさま。本気で物事に取り組むさま。

06 (胸騒)　胸騒ぎ＝何となく悪いことが起きるような気がして、不安なこと。

07 (跳)　跳ね返る＝物事の影響が他に及び、もとにもどってくる。

08 (摘)　摘む＝指先ではさんでとる。

09 (添)　添い寝＝寝る人のそばに寄りそって寝ること。

10 (吐)　吐く＝体内にあるものを口や鼻から、からだの外に出す。

読み

同音・同訓異字

漢字の識別

熟語の構成

部首

対義語・類義語

送り仮名

四字熟語

誤字訂正

書き取り

次の——線のカタカナを漢字に直せ。

□ 01 事件の**ケイイ**を順を追って話す。（　　　　）

□ 02 漢詩の**エイキョウ**を受けた和歌。（　　　　）

□ 03 留学生を**エンゴ**する組織で働く。（　　　　）

□ 04 **エンギ**をかつぐ人は結構多い。（　　　　）

□ 05 彼は**オクソク**で物を言う。（　　　　）

□ 06 **イカ**りにかられて机をける。（　　　　）

□ 07 **モモ**は熟れたものがうまい。（　　　　）

□ 08 **トウゲ**の茶屋で少し休んだ。（　　　　）

□ 09 作者の心情が**エガ**かれている絵。（　　　　）

□ 10 稲穂が**コガネ**色に実る。（　　　　）

＊ ＊

解答　　　　　　**解説**

読み / 同音同訓異字 / 漢字の識別 / 熟語の構成 / 部首 / 対義語・類義語 / 送り仮名 / 四字熟語 / 誤字訂正 / 書き取り

01 （ 経緯 ）
物事の細かい事情。いきさつ。
他例 緯度

02 （ 影響 ）
他方に力を及ぼして、変化を与えること。
他例 陰影

03 （ 援護 ）
生活などに困っている人を助けること。
他例 援助・救援

04 （ 縁起 ）
縁起をかつぐ＝ささいなことに対し、よい前兆か悪い前兆を気にする。
他例 縁故

05 （ 憶測 ）
確かな根拠のない、いいかげんな推測。
他例 記憶

06 （ 怒 ）
怒り＝怒ること。立腹。

07 （ 桃 ）
バラ科の落葉小高木。春、淡紅色の花が咲く。果実は食用。
他例 桃色

08 （ 峠 ）
山道を上りつめた、上り下りの境目。また、山の高い所を越えて行く上り下りの坂道。

09 （ 描 ）
描く＝文章や絵などに表す。描写する。

10 （ 黄金 ）
黄金のもつ、輝く黄色。山吹色。こんじき。きんいろ。

次の——線のカタカナを漢字に直せ。

□ **01** 携帯電話の**ケンガイ**にいるようだ。（　　　　）
けいたい

□ **02** 目覚ましが**キショウ**時刻に鳴る。（　　　　）

□ **03** 中学校を三年間**カイキン**した。　（　　　　）

□ **04** 二国を色々な観点から**ヒカク**する。（　　　　）

□ **05** 火山活動を**カンシ**する測候所。　（　　　　）

□ **06** 病気で入院している友を**ミマ**う。（　　　　）

□ **07** **ムスメ**は今年で十歳になります。（　　　　）

□ **08** 秋は**アミド**にして虫の声を聞く。（　　　　）

□ **09** 外国からの輸入に**タヨ**っている。（　　　　）

□ **10** **アマツブ**が大きくなってきた。　（　　　　）

合格点 7/10　**得点** /10

ここまでがんばろう！

でる度 ★★★ / ★★ / ★

	解答	解説
01	圏外	ある条件のわくの外。電波の届く範囲外であること。
02	起床	寝床から起き出すこと。
03	皆勤	一定の期間、休日以外は一日も休まずに出席・出勤すること。 他例 皆無
04	比較	差異を見るために他のものと比べること。
05	監視	警戒して見張ること。 他例 監査
06	見舞	見舞う＝災難にあった人や病人などを、たずねたり手紙を出したりしてなぐさめる。
07	娘	親からみた、女の子供。
08	網戸	風を通しながら虫を防ぐように網を張った戸。 他例 金網
09	頼	頼る＝その力をたのみにする。あてにして寄りかかる。
10	雨粒	雨のしずく。 他例 大粒・豆粒

読み / 同音同訓異字 / 漢字の識別 / 熟語の構成 / 部首 / 対義語・類義語 / 送り仮名 / 四字熟語 / 誤字訂正 / 書き取り

301

‹カ›　　　　　　　　　‹オ›

暇	菓	憶	奥	押	汚	縁	鉛
カ ひま	カ	オク	(オウ) おく	(オウ) おす おさえる	オ けがす・けがれる・けがらわしい・よごす・よごれる・きたない	エン ふち	エン なまり
日 ひへん	艹 くさかんむり	忄 りっしんべん	大 だい	扌 てへん	氵 シ さんずい	糸 いとへん	金 かねへん

獲	較	壊	皆	戒	介	雅	箇
カク える	カク	カイ こわす こわれる	カイ みな	カイ いましめる	カイ	ガ	カ
犭 けものへん	車 くるまへん	土 つちへん	白 しろ	戈 ほこづくり ほこがまえ	人 ひとやね	隹 ふるとり	竹 たけかんむり

環	監	歓	勧	乾	汗	甘	刈
カン	カン	カン	カン すすめる	カン かわく かわかす	カン あせ	カン あまい・あまえる・あまやかす	かる
王 おうへん たまへん	皿 さら	欠 あくび かける	力 ちから	乙 おつ	氵 シ さんずい	甘 あまい あまかん	リ りっとう

‹キ›

儀	輝	幾	鬼	祈	奇	含	鑑
ギ	キ かがやく	キ いく	キ おに	キ いのる	キ	ガン ふくむ ふくめる	カン (かんがみる)
イ にんべん	車 くるま	幺 いとがしら	鬼 おに	ネ しめすへん	大 だい	口 くち	金 かねへん

巨	朽	丘	及	脚	却	詰	戯
キョ	キュウ くちる	キュウ おか	キュウ およぶ・およぼす・および	キャク (キャ) あし	キャク	(キツ) つめる・つまる・つむ	ギ (たわむれる)
エ たくみ	木 きへん	一 いち	又 また	月 にくづき	卩 わりふ ふしづくり	言 ごんべん	戈 ほこづくり ほこがまえ

配当漢字表

狭	況	狂	叫	凶	御	距	拠
（キョウ） せまい せばめる せばまる	キョウ	キョウ くるう くるおしい	キョウ さけぶ	キョウ	ギョ ゴ おん	キョ	キョ コ
犭 けものへん	シ さんずい	犭 けものへん	口 くちへん	凵 うけばこ	彳 ぎょうにんべん	足 あしへん	扌 てへん

◀ク

繰	掘	屈	駆	仰	驚	響	恐
くる	クツ ほる	クツ	ク かける かる	ギョウ コウ あおぐ （おおせ）	キョウ おどろく おどろかす	キョウ ひびく	キョウ おそれる おそろしい
糸 いとへん	扌 てへん	尸 かばね しかばね	馬 うまへん	亻 にんべん	馬 うま	音 おと	心 こころ

◀ケ

剣	兼	肩	撃	迎	継	傾	恵
ケン つるぎ	ケン かねる	（ケン） かた	ゲキ うつ	ゲイ むかえる	ケイ つぐ	ケイ かたむく かたむける	エ ケイ めぐむ
刂 りっとう	八 はち	肉 にく	手 て	辶 しんにょう しんにゅう	糸 いとへん	亻 にんべん	心 こころ

◀コ

鼓	誇	枯	玄	遣	堅	圏	軒
コ （つづみ）	コ ほこる	コ かれる からす	ゲン	ケン つかう つかわす	ケン かたい	ケン	ケン のき
鼓 つづみ	言 ごんべん	木 きへん	玄 げん	辶 しんにょう しんにゅう	土 つち	囗 くにがまえ	車 くるまへん

稿	項	荒	恒	更	攻	抗	互
コウ	コウ	コウ あらい あれる あらす	コウ	コウ さら （ふける） （ふかす）	コウ せめる	コウ	ゴ たがい
禾 のぎへん	頁 おおがい	艹 くさかんむり	忄 りっしんべん	曰 ひらび いわく	攵 のぶん ぼくづくり	扌 てへん	二 に

3

サ

剤	載	歳	彩	鎖	婚	込	豪
ザイ	のる のせる	サイ セイ	サイ（いろどる）	サ くさり	コン	こむ こめる	ゴウ
刂 りっとう	車 くるま	止 とめる	彡 さんづくり	金 かねへん	女 おんなへん	辶 しんにょう しんにゅう	豕 いのこ

シ

雌	紫	脂	刺	伺	旨	惨	咲
シ めす	シ むらさき	シ あぶら	シ さす ささる	（シ）うかがう	シ（むね）	（サン）（ザン）（みじめ）	さく
隹 ふるとり	糸 いと	月 にくづき	刂 りっとう	イ にんべん	日 ひ	忄 りっしんべん	口 くちへん

狩	朱	寂	釈	煮	斜	芝	執
シュ かる かり	シュ	ジャク セキ さびしい さびれる	シャク	（シャ）にる にやす	シャ ななめ	しば	シツ シュウ とる
犭 けものへん	木 き	宀 うかんむり	釆 のごめへん	灬 れんが れっか	斗 とます	艹 くさかんむり	土 つち

瞬	獣	柔	襲	秀	舟	需	趣
シュン（またたく）	ジュウ けもの	ジュウ ニュウ やわらか やわらかい	シュウ おそう	シュウ（ひいでる）	シュウ ふな ふね	ジュ	シュ おもむき
目 めへん	犬 いぬ	木 き	衣 ころも	禾 のぎ	舟 ふね	雨 あめかんむり	走 そうにょう

紹	称	沼	床	召	盾	巡	旬
ショウ	ショウ	（ショウ）ぬま	ショウ ゆか とこ	ショウ めす	ジュン たて	ジュン めぐる	シュン ジュン
糸 いとへん	禾 のぎへん	氵 さんずい	广 まだれ	口 くち	目 め	巛 かわ	日 ひ

振	侵	触	飾	殖	畳	丈	詳
シン ふる ふるう ふれる	シン おかす	ショク ふれる さわる	ショク かざる	ショク ふえる ふやす	ジョウ たたむ たたみ	ジョウ たけ	ショウ くわしい
てへん 扌	にんべん イ	つのへん 角	しょくへん 食	かばねへん いちたへん がつへん 歹	た 田	いち 一	ごんべん 言

尋	陣	尽	薪	震	慎	寝	浸
ジン たずねる	ジン	ジン つくす つきる つかす	シン たきぎ	シン ふるう ふるえる	シン つつしむ	シン ねる ねかす	シン ひたす ひたる
すん 寸	こざとへん 阝	しかばね かばね 尸	くさかんむり 艹	あめかんむり 雨	りっしんべん 忄	うかんむり 宀	さんずい 氵

◀セ ◀ス

鮮	扇	占	跡	征	姓	是	吹
セン あざやか	セン おうぎ	セン しめる うらなう	セキ あと	セイ	セイ ショウ	ゼ	スイ ふく
うおへん 魚	とだれ とかんむり 戸	と うらない ト	あしへん 足	ぎょうにんべん イ	おんなへん 女	ひ 日	くちへん 口

◀タ ◀ソ

耐	俗	即	贈	騒	燥	僧	訴
タイ たえる	ゾク	ソク	ゾウ ソウ おくる	ソウ さわぐ	ソウ	ソウ	ソ うったえる
しかして しこうして 而	にんべん イ	わりふ ふしづくり 卩	かいへん 貝	うまへん 馬	ひへん 火	にんべん イ	ごんべん 言

嘆	淡	丹	脱	濁	拓	沢	替
タン なげく なげかわしい	タン あわい	タン	ダツ ぬぐ ぬげる	ダク にごる にごす	タク	タク さわ	タイ かえる かわる
くちへん 口	さんずい 氵	てん 丶	にくづき 月	さんずい 氵	てへん 扌	さんずい 氵	いわく ひらび 日

**

◀チ

徴	跳	蓄	遅	致	恥	弾	端
チョウ	チョウ とぶ はねる	チク たくわえる	チ おくれる おくらす おそい	チ いたす	チ はじる はじ はじらう はずかしい	ダン ひく たま はずむ	タン はし は(た)
彳 ぎょうにんべん	足 あしへん	艹 くさかんむり	⻌ しんにょう	至 いたる	心 こころ	弓 ゆみへん	立 たつへん

◀テ

添	滴	摘	堤	抵	珍	沈	澄
テン そう そえる	テキ しずく したたる	テキ つむ	テイ つつみ	テイ	チン めずらしい	チン しずむ しずめる	(チョウ) すむ すます
氵 さんずい	氵 さんずい	扌 てへん	土 つちへん	扌 てへん	王 おうへん たまへん	氵 さんずい	氵 さんずい

◀ト

逃	到	怒	奴	渡	途	吐	殿
トウ にげる にがす のがす のがれる	トウ	ド いかる おこる	ド	ト わたる わたす	ト	ト はく	デン テン との どの
⻌ しんにょう	刂 りっとう	心 こころ	女 おんなへん	氵 さんずい	⻌ しんにょう	口 くちへん	殳 るまた ほこづくり

踏	稲	塔	盗	透	桃	唐	倒
トウ ふむ ふまえる	トウ いね いな	トウ	トウ ぬすむ	トウ すく すかす すける	トウ もも	トウ から	トウ たおれる たおす
足 あしへん	禾 のぎへん	土 つちへん	皿 さら	⻌ しんにょう	木 きへん	口 くち	イ にんべん

◀ノ ◀ニ

悩	弐	曇	鈍	突	峠	胴	闘
ノウ なやむ なやます	ニ	ドン くもる	ドン にぶい にぶる	トツ つく	とうげ	ドウ	トウ たたかう
忄 りっしんべん	弋 しきがまえ	日 ひ	金 かねへん	穴 あなかんむり	山 やまへん	月 にくづき	門 もんがまえ

爆	薄	迫	泊	拍	輩	杯	濃
バク	ハク うすい うすめる うすまる うすらぐ うすれる	ハク せまる	ハク とまる とめる	ハク ヒョウ	ハイ	ハイ さかずき	ノウ こい
ひへん 火	くさかんむり 艹	しんにょう しんにゅう 辶	さんずい 氵	てへん 扌	くるま 車	きへん 木	さんずい 氵

繁	範	搬	販	般	罰	抜	髪
ハン	ハン	ハン	ハン	ハン	バツ バチ	バツ ぬく ぬける ぬかす ぬかる	ハツ かみ
いと 糸	たけかんむり 竹	てへん 扌	かいへん 貝	ふねへん 舟	あみがしら あみめ よこめ 罒	てへん 扌	かみがしら 髟

匹	微	尾	避	被	疲	彼	盤
ひき ヒツ	ビ	おび ビ	ヒ さける	ヒ こうむる	ヒ つかれる	ヒ かれ かの	バン
かくしがまえ 匸	ぎょうにんべん 彳	かばね しかばね 尸	しんにょう しんにゅう 辶	ころもへん 衤	やまいだれ 疒	ぎょうにんべん 彳	さら 皿

敷	腐	普	浮	怖	敏	浜	描
フ しく	フ くさる くされる くさらす	フ	フ うく うかれる うかぶ うかべる	フ こわい	ビン	ヒン はま	ビョウ えがく かく
のぶん ぼくづくり 攵	にく 肉	ひ 日	さんずい 氵	りっしんべん 忄	のぶん ぼくづくり 攵	さんずい 氵	てへん 扌

壁	柄	噴	払	幅	舞	賦	膚
ヘキ かべ	(ヘイ) え がら	フン ふく	(フツ) はらう	フク はば	ブ まい まう	フ	フ
つち 土	きへん 木	くちへん 口	てへん 扌	はばへん きんべん 巾	まいあし 舛	かいへん 貝	にく 肉

✳✳✳

捕	舗	抱	峰	砲	忙	坊	肪
ホ とらえる とらわれる つかまえる つかまる	ホ	ホウ だく いだく かかえる	ホウ みね	ホウ	ボウ いそがしい	ボウ ボッ	ボウ
てへん 扌	舌 した	てへん 扌	やまへん 山	いしへん 石	りっしんべん 忄	つちへん 扌	にくづき 月

冒	傍	帽	凡	盆	慢	漫	妙
ボウ おかす	ボウ かたわら	ボウ	ボン (ハン)	ボン	マン	マン	ミョウ
ひらび いわく 曰	にんべん イ	きんべん 巾 はばへん	つくえ 几	さら 皿	りっしんべん 忄	さんずい 氵	おんなへん 女

眠	矛	霧	娘	茂	猛	網	黙
ミン ねむる ねむい	ム ほこ	ム きり	むすめ	モ しげる	モウ	モウ あみ	モク だまる
めへん 目	ほこ 矛	あめかんむり 雨	おんなへん 女	くさかんむり 艹	けものへん 犭	いとへん 糸	くろ 黒

紋	躍	雄	与	誉	溶	腰	踊
モン	ヤク おどる	ユウ お おす	ヨ あたえる	ヨ ほまれ	ヨウ とける とかす とく	ヨウ こし	ヨウ おどる
いとへん 糸	あしへん 足	ふるとり 隹	いち 一	げん 言	さんずい 氵	にくづき 月	あし 足 へん

謡	翼	雷	頼	絡	欄	離	粒
ヨウ うたい うたう	ヨク つばさ	ライ かみなり	ライ たのむ たのもしい たよる	ラク からむ からまる からめる	ラン	リ はなれる はなす	リュウ つぶ
ごんべん 言	はね 羽	あめかんむり 雨	おおがい 頁	いとへん 糸	きへん 木	ふるとり 隹	こめへん 米

暦	麗	齢	隷	涙	隣	療	慮
レキ こよみ	レイ うるわしい	レイ	レイ	ルイ なみだ	リン となる となり	リョウ	リョ こころ
ひ 日	しか 鹿	はへん 歯	れいづくり 隶	さんずい シ	こざとへん 阝	やまいだれ 疒	こころ 心

◀レ ◀ル

腕	惑	郎	露	恋	烈	劣
ワン うで	ワク まどう	ロウ	ロ ロウ つゆ	レン こい こいしい	レツ	レツ おとる
にくづき 月	こころ 心	おおざと 阝	あめかんむり 雨	こころ 心	れんが 灬	ちから 力

◀ワ ◀ロ

おもな特別な読み、熟字訓・当て字

ア
小豆 あずき
意気地 いくじ
田舎 いなか
海原 うなばら
乳母 うば
浮つく うわつく
笑顔 えがお
大人 おとな
お巡りさん おまわりさん

カ
仮名 かな
為替 かわせ
河原・川原 かわら
果物 くだもの
景色 けしき
心地 ここち

サ
差し支える さしつかえる
五月 さつき
五月雨 さみだれ
時雨 しぐれ

竹刀 しない
老舗 しにせ
芝生 しばふ
清水 しみず
三味線 しゃみせん
砂利 じゃり
上手 じょうず
白髪 しらが

タ
太刀 たち
立ち退く たちのく
七夕 たなばた
梅雨 つゆ
時計 とけい
手伝う てつだう
友達 ともだち

ナ
名残 なごり

ハ
博士 はかせ
二十・二十歳 はたち

波止場 はとば
日和 ひより
吹雪 ふぶき
下手 へた
部屋 へや

マ
迷子 まいご
真面目 まじめ
土産 みやげ
息子 むすこ
眼鏡 めがね
紅葉 もみじ
木綿 もめん
最寄り もより

ヤ
八百屋 やおや
大和 やまと
行方 ゆくえ

ワ
若人 わこうど

模擬試験問題

1 次の——線の漢字の読みをひらがなで記せ。

各1点 /30

1 猛烈な勢いで攻め、先制点を上げた。

2 退屈な話にあくびをする。

3 父は敏腕検事として活躍した。

4 パソコンを駆使して作品を仕上げる。

5 久しぶりに散髪する。

6 雨水が地下に浸透する。

7 春のお花見が毎年恒例になる。

8 人の住んだ形跡がある。

21 水に砂糖を溶かす。

22 この店の味付けはいつも濃い。

23 畑へ芋を掘りに行く。

24 だれにも劣らない声量を持つ。

25 庭の雑草を刈る。

26 夜空に星が輝く。

27 同点に迫る勢いだ。

28 危険を冒し救出にあたる。

29 狭い路地に逃げる。

30 現在の苦境を訴える。

解答は
18・19
ページ

制限時間
60分

合格点
140点

得点
/200

9 出版社に原稿を送る。

10 著作権の侵害に頭を悩ます。

11 早々に隠居したいと思う。

12 異彩を放つ作品を見つける。

13 インターネットが普及する。

14 コンサートでファンが熱狂する。

15 国の代表が栄誉をかけて戦う。

16 優良物件の売却に人が群がる。

17 包丁を慎重にしまう。

18 話題を唐突に変える。

19 新商品が脚光を浴びる。

20 介護の仕事に従事する。

2

次の──線の**カタカナ**にあてはまる漢字をそれぞれのア〜オから一つ選び、**記号**を記せ。

各2点
/30

1 フ与された素質を最大限生かす。

2 長期の放置で食品がフ敗する。

3 フ動票の獲得がカギになる。

（ア 浮　イ 腐　ウ 賦　エ 膚　オ 不）

4 宝石のカン定を依頼する。

5 大きなカン声があがる。

6 防犯対策にカン視カメラをつける。

（ア 監　イ 観　ウ 鑑　エ 勧　オ 歓）

7 実物の大きさに**キョウ**嘆する。

8 特集の反**キョウ**がいい。

9 野球の実**キョウ**中継を見る。

（ア 況 イ 郷 ウ 響 エ 協 オ 驚）

10 極**タン**な意見に困惑する。

11 仕事を分**タン**し早く終える。

12 **タン**水に生息する貝類。

（ア 短 イ 担 ウ 丹 エ 端 オ 淡）

13 寒さがはだを**サ**すようだ。

14 朝の通勤時間帯を**サ**ける。

15 磁針が北を**サ**す。

（ア 指 イ 刺 ウ 避 エ 差 オ 咲）

---

4 熟語の構成のしかたには次のようなものがある。

各2点
/20

> ア 同じような意味の漢字を重ねたもの（岩石）
> イ 反対または対応の意味を表す字を重ねたもの（高低）
> ウ 上の字が下の字を修飾しているもの（洋画）
> エ 下の字が上の字の目的語・補語になっているもの（着席）
> オ 上の字が下の字の意味を打ち消しているもの（非常）

次の熟語は、右の**ア～オ**のどれにあたるか、一つ選び、**記号**を記せ。

1 安眠

2 繁茂

3 波紋

4 離合

5 思慮

6 仰天

7 遅刻

8 恐怖

9 経緯

10 未婚

3

1〜5の三つの□に**共通する漢字**を入れて熟語を作れ。漢字はア〜コから**一つ**選び、**記号を記せ。**

1 □替・行□・無□

2 固□・□念・□務

3 大□・□肩□・□全

4 □面・絶□・□岸

5 耐□・強□・□源地

ア 理	イ 壁	ウ 為	エ 執	オ 度
カ 幅	キ 痛	ク 職	ケ 鎖	コ 震

5

次の漢字の**部首**をア〜エから**一つ**選び、**記号を記せ。**

1 趣（ア 土 イ 走 ウ 耳 エ 又）

2 釈（ア ノ イ 米 ウ 釆 エ 尺）

3 扇（ア 一 イ 戸 ウ 戸 エ 羽）

4 歳（ア 止 イ 厂 ウ 示 エ 戈）

5 舟（ア ノ イ 冂 ウ 、 エ 舟）

6 裁（ア 土 イ 衣 ウ 弋 エ 、）

7 御（ア イ イ ノ ウ 止 エ 卩）

8 弐（ア 一 イ 二 ウ 弋 エ 、）

9 戯（ア 卢 イ 戈 ウ ノ エ 、）

10 殿（ア 尸 イ ハ ウ 殳 エ 又）

6

後の□内のひらがなを漢字に直して□に入れ、**対義語・類義語**を作れ。□内のひらがなは一度だけ使い、**一字記入**せよ。

対義語

1 禁止 ― □可

2 需要 ― □給

3 水平 ― □直

4 確信 ― 憶□

5 破壊 ― □設

7

次の――線の**カタカナ**を漢字一字と**送りがな（ひらがな）**に直せ。

例 問題にコタエル。 （答える）

1 サイワイ天候に恵まれた。

2 サワガシイ音で目が覚めた。

3 山頂で日の出をムカエル。

4 ホシイ本を手に入れた。

5 色々な知識をサズケル。

類義語

6　前途 ― □来

7　不朽 ― □遠

8　手柄 ― 功□

9　横領 ― 着□

10　最高 ― □上

えい・きょ・きょう・けん・し・
しょう・すい・せき・そく・ふく

8

文中の四字熟語の ―― 線の カタカナを漢字に直せ。一字記入せよ。

1　絶体絶**メイ**の状態におちいる。

2　前途有**ボウ**な青年たちを祝福する。

3　運動で美と健康の一**キョ**両得をめざす。

4　玉石コン交の情報を見分ける目を持つ。

5　一触即**ハツ**の状態が続く。

6　無味カン燥な生活を送る。

7　心**キ**一転して勉学にはげむ。

8　**トウ**意即妙の見事な対応をする。

9　起**ショウ**転結の整った文章を書く。

10　才色兼**ビ**の同級生だ。

9

次の各文にまちがって使われている**同じ読みの漢字が一字ある**。上に誤字を、**下に正しい漢字を記せ**。

1 後輩の起業を志援するため、費用を補助し広報活動に努める。

（　）［　］

2 日々変化する事態に即時に対所するため、情報収集が欠かせない。

（　）［　］

3 堂々とした様子で卒業後の抱布を述べた学生が採用された。

（　）［　］

10

次の——線の**カタカナを漢字に直**せ。

各2点
／40

1 これは**ヨウイ**に解ける問題だ。

2 **ヘンサイ**期限を守る。

3 地域の活性化を**スイシン**する。

4 **ノウゼイ**の義務をはたす。

5 CMは**センデン**効果が高い。

6 たまの**キュウカ**をのんびり過ごす。

7 人材を**ハケン**する仕事をする。

8 やじと**ドゴウ**がうずまく。

9 **ヒレン**を描いた小説を読む。

10 二つを色々な観点から**ヒカク**する。

4 弟に意地悪をしたことを母親にしかられ、誤って仲直りした。

（　）[　　]

5 素敵な時計を、誕生日の贈り物としてきれいに包送してもらう。

（　）[　　]

11 船から放った矢が見事に的を**イ**る。

12 火が激しく**モ**え上がる。

13 日が**ク**れる前に帰宅する。

14 野菜を**コノ**んで食べる。

15 道路で落とし物を**ヒロ**う。

16 客の**アツカ**いがうまい。

17 大きく息を**ハ**いて目を開ける。

18 **イド**に水をくみに行く。

19 友達とよく**オニ**ごっこをしたものだ。

20 お茶のよい**カオ**りが広がる。

模擬試験解答

1 読み

1	もうれつ
2	たいくつ
3	びんわん
4	くし
5	さんぱつ
6	しんとう
7	こうれい
8	けいせき
9	げんこう
10	しんがい
11	いんきょ
12	いさい
13	ふきゅう
14	ねっきょう

各1点

2 同音・同訓異字

1	ウ
2	イ
3	ア
4	ウ
5	オ
6	ア
7	オ
8	ウ
9	ア
10	エ
11	イ
12	オ
13	イ
14	ウ
15	ア

各2点

3 漢字の識別

1	ウ
2	エ
3	カ
4	イ
5	コ

各2点

6 対義語・類義語

1	許
2	供
3	垂
4	測
5	建
6	将
7	永
8	績
9	服
10	至

各2点

7 漢字と送りがな

1	幸い
2	騒がしい
3	迎える
4	欲しい
5	授ける

各2点

10 書き取り

1	容易
2	返済
3	推進
4	納税
5	宣伝
6	休暇
7	派遣
8	怒号
9	悲恋
10	比較
11	射
12	燃
13	暮
14	好

各2点

あってたかな?

模擬試験

30	29	28	27	26	25	24	23	22	21	20	19	18	17	16	15
うった	せま	おか	せま	かがや	か	おと	いも	こ	と	かいご	きゃっこう	とうとつ	しんちょう	ばいきゃく	えいよ

4 熟語の構成 各2点

1	2	3	4	5
ウ	ア	ウ	イ	ア

6	7	8	9	10
エ	エ	ア	イ	オ

5 部首 各1点

1	2	3	4	5
イ	ウ	イ	ア	エ

6	7	8	9	10
イ	ア	ウ	イ	ウ

8 四字熟語 各2点

1	2	3	4	5
命	望	挙	混	発

6	7	8	9	10
乾	機	当	承	備

9 誤字訂正 各2点

	1	2	3	4	5
誤	志	所	布	誤	送
正	支	処	負	謝	装

20	19	18	17	16	15
香	鬼	井戸	吐	扱	拾

4級　配当漢字表

握	扱 ◀ア	依 ◀イ	威	為	偉
アク にぎる	あつかう	イ（エ）	イ	イ	イ えらい
てへん	てへん	イ にんべん	女 おんな	灬 れんが れっか	イ にんべん

違	緯	壱	芋	陰	維
イ ちがう ちがえる	イ	イチ	いも	イン かげ かげる	イ
⻌ しんにょう しんにゅう	糸 いとへん	士 さむらい	くさかんむり	⻖ こざとへん	糸 いとへん

煙	援	越	鋭 ◀エ	影	隠
エン けむり けむる けむい	エン	エツ こす こえる	エイ するどい	エイ かげ	イン かくす かくれる
火 ひへん	てへん	走 そうにょう	金 かねへん	彡 さんづくり	⻖ こざとへん

握	◀漢字
アク にぎる	◀読み
てへん	◀部首
	▲部首名

● 漢字検定4級配当漢字313字を、50音順に掲載しました。この313字は、4級で新たに出題の対象となる漢字です。

● 音読みをカタカナで、訓読みをひらがなで、送り仮名は細字で示しました。

● （）の中の読みは、高校で習う読みです。

● 4級検定試験で理解しておかなくてはならない漢字は、小学校で習う教育漢字1026字と、その他の常用漢字313字です。4級では、高校で習う読みは出題されません。

● 配当漢字表の見方は左の通りです。